Hazama Shinroku Mitsukaze

Horibe Yahei Kanamaru

Horibe Yasubei Taketsune

Isogai Jurozaemon Masahisa

Kai

yasu

Maebara Isuke Munefusa

Mase Kyudayu Masaaki

Mase Magokuro Masatoki

Mimura Jirozaemon Kanetsune

Muramatsu Kihei Hidenao

Muramatsu Sandayu Takanao

Okuda Magodayu Shigemori

Okuda Sadauemon Yukitaka

Onodera Jyunai Hidekazu

Onodera Kouemon Hidetomi

Otaka Gengo Tadao

Sugaya Hannojyo Masatoshi

Ushioda Matanojo Takanori

Yada Gorouemon Suketake

Yato Uemonshitchi Norikane

Yokogawa Kanpei Munetoshi

Yoshida Sawauemon Kanesada

Yoshida Tchyuzaemon Kanesuke

LES 47 RÔNINS
LE TRÉSOR DES LOYAUX SAMOURAÏS

AVIS AU LECTEUR

Pour échapper à la censure, certains auteurs japonais de l'époque ont changé les noms des personnages principaux c'est pourquoi, suivant les versions, les noms peuvent différer.

Le calendrier traditionnel japonais est lunaire et commence autour du 10 février selon les lunaisons. Ainsi, la mort de Kira, le 14e jour de la 12e lune de l'an 15 de Ganroku, s'est déroulée le 30 janvier 1703. Le calendrier chrétien s'étant imposé dans la datation historique, les Japonais, pour éviter les erreurs liées à la complexité des calculs lunaires-solaires, ont ignoré le mois et demi séparant les deux calendriers et ont transposé simplement leurs faits historiques. Ainsi, le 14e jour de la 12e lune de l'an 15 de Ganroku est devenu le 14e jour du 12e mois de l'année 1702. Depuis, la commémoration du fait d'arme des 47 rônins à lieu le 14 décembre.

Directeur de collection : Thierry Plée - *Texte :* G. Soulié de Morant - *Correcteurs :* Élodie Laurent et Nicole Coisman - *Mise en page :* Éditions de l'Éveil - *Imprimerie et brochage :* Imprimerie Clerc - *Photos d'extérieur :* Olivier Gaurin.

1-3000-CLERC-02/06

ISBN 2-84617-087-8

George Soulié de Morant

Les 47 Rônins

Le trésor des loyaux samouraïs

忠臣蔵

d'après les anciens textes du Japon

BUDO ÉDITIONS
77123 Noisy-sur-école, France

AVANT-PROPOS DE L'ÉDITEUR

Lorsque j'étais enfant, il n'était rien que je préférais aux récits extraordinaires venus du Japon que je lisais parfois dans les revues qu'éditait mon père. Des histoires de guerriers farouches, de samouraïs sans peur ni reproche, d'hommes qui maniaient admirablement le sabre et qui parcouraient le Japon en tous sens pour prouver au monde leur courage, venger leur honneur, rendre justice aux faibles ou punir les lâches.

J'adorais ces contes comme j'aimais les histoires de cape et d'épée de nos contrées, parce qu'ils me parlaient de héros invincibles, auxquels je me plaisais à m'identifier, comme tous les petits garçons du monde... Mais il y avait quelque chose de plus dans celles-là, qui me laissait entrevoir un univers fascinant dont les valeurs, pas tout à fait nôtres mais pas complètement différentes, avaient quelque chose de particulier qui savait parler à mon âme.

Je me souviens qu'à l'époque j'avais particulièrement vibré à la lecture de l'histoire des 47 rônins. Toutes les souffrances endurées par ces hommes qui n'avaient pour seul horizon qu'une mort certaine ; et cette résignation, l'impitoyable désir de venger, coûte que coûte, la mémoire de leur *daimyô*...

Il y avait quelque chose qui m'échappait dans ce récit, quelque chose qui en même temps parlait à l'enfant que j'étais. Ce quelque chose, je le sais aujourd'hui, n'était autre que la certitude que cette détermination, ce courage, ce sens de l'honneur qu'exaltaient au plus haut point ces héros extraordinaires, étaient humaines, profondément et clairement humaines.

Et au-delà des différences culturelles, au-delà de tout ce qu'on pourra dire des particularités de l'esprit samouraï, je me souviens surtout avoir compris à quel point les guerriers de tous les pays - et je dis bien guerrier au sens le plus noble du terme - pouvaient être frères dans leur humanité.

Une vérité dont notre époque tirerait avantage à reconnaître la justesse et qui ne fait que confirmer une fois de plus la très grande responsabilité des *budôka*, « guerriers des temps modernes », à l'égard de cette planète et des hommes qui l'habitent.

Thierry Plée

INTRODUCTION

Les lanternes du temple Sengakuji.

Je suis retourné le 14 décembre de cette année 2005 au temple de Sengakuji, vers neuf heures du soir, pour prendre quelques photographies. Une file d'attente de plusieurs dizaines de mètres attendait encore, comme ce fut le cas tout le long de cette journée anniversaire, devant l'entrée du cimetière où reposent depuis 1704 les 47 samouraïs, auprès de la tombe de leur maître et seigneur Asano Takumi-no-Kami Naganori, de sa femme et du samouraï Terasaka Kichiemon no Buyuki. C'est dire combien l'histoire que vous allez lire berce encore aujourd'hui le cœur du peuple japonais.

Alentour et dans l'enceinte du temple, se tenait un *matsuri*, une foire bigarrée comme on en voit souvent au Japon, avec ses étals innombrables de colporteurs et de marchands ambulants multicolores entre lesquels se pressait une foule bon-enfant.

On pourrait penser que cette foule qui attendait pour aller poser sur chacune des cinquante tombes un brin d'encens fumant ou une offrande, était composée de personnes âgées et de férus d'histoire. Mais non, il y avait nombre de jeunes femmes qui se trouvaient là dans le froid glacial, des hommes seuls aussi, ou accompagnés, ou en groupe, des couples, des étudiants également. On voyait des lycéens riants, engloutissant bruyamment des bols de soupe brûlante et aussi des familles avec enfants qui allaient jeter une pièce en offrande au temple avant la prière de vœux rituelle.

Tant de fumée d'encens se dégageait du cimetière des 47 que l'atmosphère paraissait complètement irréelle et oppressante sous les lanternes jaunies. J'eus mal à la tête pendant trois jours pour avoir tant respiré de ces fumées âcres et sucrées à la fois, en prenant mes photographies. Sur place, des vieillards se mettaient à tousser en pleurant, non d'émotion, mais parce qu'elles avaient comme moi les sinus bouffis d'encens.

Qu'est-ce donc qui se joue dans cette histoire pour laisser ainsi un souvenir et un respect aussi attachant, aussi prenant, quelque trois cents ans après son déroulement ?

Les Japonais n'ont pas honte de leur Moyen Âge, leur passé d'avant Meiji (1868). Il reste pour beaucoup sans doute, un âge d'or idéalisé. Mais ils n'aiment pas l'étaler au grand jour. Ils savent tant de choses que nous ignorons de celui-là.
La grande volonté d'expansion japonaise du vingtième siècle, qui s'est soldé comme on le sait par un échec vécu par les Japonais comme déshonorant, a retourné ici certaines valeurs qui faisaient pourtant référence politique et sociale de sagesse et de puissance humaine depuis des siècles au Japon. Car cet échec de l'expansionnisme japonais et de la guerre du Pacifique est aussi l'échec d'une culture, celle de la culture militaire japonaise des samouraïs de Sengoku-Jidai, la période des Pays en guerre, jusqu'à l'ère Tokugawa (1615-1867). Ainsi au temple de Sengakuji, où je suis allé plusieurs fois et qui symbolise justement ces valeurs, on accueille l'étranger avec prudence, presqu'avec réticence, surtout si l'on sent « qu'il connaît l'histoire ». On lui sourit, certes, mais on ne lui parle pas trop, on lui indique par des gestes, on essaye de lui vendre des calligraphies exécutées par des moines ou des cartes postales... mais on ne lui livre rien. On comprend alors qu'on est bien aux portes du Japon, le Japon des Japonais.
J'ai ressenti tellement de choses ce soir-là qu'il est difficile d'en exprimer les arcanes. Pourtant, cette histoire des 47 samouraïs donne par elle-même, dans sa construction, par ses témoignages, par ses phrases et ses personnages, des clés de cette ferveur populaire ancrée dans le cœur profond des Japonais.

Longue file d'attente pour accéder aux tombes les soirs anniversaires du 14 décembre.

Le texte de George Soulié de Morant, admirablement écrit parce qu'à la fois facile à lire et très vivant, ne dénature pas, je pense, l'esprit historique, social et même populaire de ces évènements. Écrit en prose, c'est pourtant une sorte de petite pièce shakespearienne dont il s'agit. Corneille aurait pu en faire un fameux drame en trois actes (la mort du seigneur Asano – la fausse déchéance des rônins – la vengeance des loyaux samouraïs). Les Grecs de l'antiquité se seraient régalés au plus haut point d'une telle liturgie tragique.

On distingue à peine les tombes des samouraïs dans la fumée de l'encens.

Car nous sommes bien au cœur d'un événement tragique et sacré. L'idée de sacrifice à l'antique est immanente. Cette histoire des 47 Rônins est, en effet, à rapprocher de l'idée du sacrifice animal grec qui libère les mortels d'un mauvais destin ou interpelle les dieux mais, elle est également à rapprocher du théâtre tragique grec qui met en scène symboliquement un même type de sacrifice libérateur. Le geste sacré s'effectue par un acte destiné à libérer la cité d'une « souillure », il a un caractère ancré très profondément dans l'imaginaire, lorsque le geste tragique s'ancre dans un geste purement symbolique. Les rapports avec l'histoire des 47, au propre, sont donc frappants : c'est ici pour moi une première clé. Seulement là, si l'histoire que vous allez lire fait penser à du théâtre, eh bien, elle n'en fut pas : elle est donc une réelle histoire tragique à plusieurs volets.

Alors je voudrais dès à présent renoncer à un lyrisme de bon aloi concernant les vertus supérieures des samouraïs, la droiture de fer des guerriers japonais, l'alléluia du « sabre de vie », qui ne trouva sa réelle place que lorsqu'on décida de ne plus s'en servir pour couper des têtes (c'est-à-dire somme toute très récemment) et un code du *bushidô* qui ne fut rédigé qu'après que l'ère des samouraïs fut éteinte. Je reviens donc sur ma question première : qu'est-ce qui se joue, là, sous nos yeux ?

L'une des premières choses qui me saute à l'esprit, c'est le décalage pour nous, Occidentaux, entre nos conceptions de la loyauté, de la mort et de la justice, et celles que raconte cet événement. En effet nous sommes loin d'un cadre de la raison telle que nous l'entendons. Nous entrons dans un cadre de l'émotion pure des personnages presque à chaque page. C'est d'ailleurs ce qui donne à ce récit son caractère cornélien : il semble de façon presque exagérée que l'intransigeance de pratiquement tous les acteurs fut le véritable nœud de l'histoire. Est-ce à dire qu'elle caractérise davantage l'état de noblesse samouraï que cette loyauté des 47 ? Je suis porté à répondre par l'affirmative et ce sera là ma deuxième clé de compréhension de ce récit.

Ensuite, passées cet aspect symboliquement théâtral et cette intransigeance commune en ce lieu, en cette époque et en ces personnages, reste un étrange sentiment de fatalité. Car oui, les Japonais aiment cette idée de la fatalité. Mais qu'est-ce que ça veut dire « aimer la fatalité » ? Cela signifie : approuver, voire aller avec entrain dans le sens de ce caractère fatal des causes et des effets. Il faut se replacer dans le contexte, chose que l'on fait rarement, parce que c'est sans doute trop difficile et que cela brise un peu notre vision idyllique d'un Japon de samouraïs, propre et féru d'esthétisme, au point d'inventer la sérénité esthétique devant l'ultime de soi : la mort.

Personnellement donc, je crois qu'on se trompe en voyant les choses de cette façon. Les Japonais eux-mêmes veulent délibérément laisser dans leur sillage culturel cette image aseptisée de leur histoire avant toute autre. Ceci semble rattraper cela. Mais si l'on se replace dans le contexte, qu'est-ce qu'on lit dans l'histoire des 47 rônins justement ? On lit une œuvre éducatrice terriblement forte des classes nobles samouraï vers ce que Terasaka Kichiemon, le conteur, le seul survivant, nomme : « *la cérémonie suprême [...] dans la majesté de la loi* ». Il s'agit bien entendu de donner la mort, ou de se donner la mort, au nom d'une décision transcendantale de l'acte de vivre. Mais ne vous y trompez pas : ce n'est pas rien comme conception de l'humanité. C'est au contraire une conception éminemment grave et, sous son aspect épique de récit d'exploit, romancé, banalisé, c'est une conception qui peut prêter bien facilement à un basculement terrifiant. Ce que redoute d'ailleurs en fin politique le *shôgun* Tokugawa Tsunayoshi.

Il faut donc imaginer, et le récit en plusieurs endroits le signale très bien, surtout en ce qui concerne les femmes et les enfants, et ce n'est pas un hasard, que l'éducation donnée aux enfants de samouraï (garçons ou filles) était dès leur plus jeune âge dirigée vers cette apothéose tournée en idéal : il est magnifique de mourir transpercé ou tranché en deux par le fil d'acier étincelant d'une lame nue, de façon lucide, sans trembler, avec panache, en accord avec un principe de loyauté envers le dévouement absolu et honorable dû à son maître ou seigneur.

Le suicide assisté d'Asano, en cela, est exemplaire de calme chaleureux et de naturel. Tout ici semble facile, logique. Tout va de soi pour lui dès qu'il reçoit la décision du *shôgun* et de la commission des juges. Il se change, s'agenouille, se tranche le ventre dans un geste ample donc, sans autre formalité d'angoisse, un assistant fauche de sa lame de sabre le cou du suicidé et sa tête roule accompagnée de grandes gerbes de sang. Personne ne semble ému dans l'assistance. Tout s'est passé très vite. On enroule le corps et ses morceaux dégoulinants dans la toile cirée sur laquelle son corps ouvert en deux s'était affaissé et on emmène cette dépouille à Sengakuji, sans s'attarder davantage. Finalement, il s'est sans aucun doute passé quelque chose de grave mais il semble ne rien s'être passé d'affreux ; tout, pour conclure, s'est donc très bien passé (!).

Mais comment donc une telle chose est-elle concevable ? Se demande-t-on.

Cette forme de suicide est justement concevable, parce que ce calme cérémoniel a une raison de se vouloir essentiel. Et cette raison supérieure de l'acte et de la façon dont il est régi est bien supérieure

à nos réticences à le croire possible. Quelle est cette raison ? En fait, ce calme, cette facilité de mourir sans une hésitation, cette indifférence humble et à la fois orgueilleuse, cette sérénité et ce pragmatisme heureux devant l'horreur, se veulent « rédempteur » du monde. Il ne s'agit de rien moins que de cela. Il n'est que de lire ce que déclare le samouraï Hara au jeune Kichiemon : « *Quand son devoir est clair devant lui, rien ne compte plus : ni amour-propre, ni famille, ni soucis de soi-même. Telle est la règle, telle est la voie pour ceux qui veulent guider le troupeau humain vers des destinées de plus en plus heureuses, hors des marécages infâmes de l'injustice, de l'oppression et de la haine* ».
Et c'est là, en ce point terrible de la pensée japonaise ancestrale, que l'on prend peur. Car oui, deux lectures sont possibles :
Celle d'un formidable espoir en cette idée de sacrifice pour montrer un exemple de probité humaine, énergique, suprême et effectivement sereine ;
Celle d'une angoissante réminiscence des atrocités de la dernière guerre sino-japonaise ou de l'entêtement sacrificiel des militaires, des politiques et, par un bourrage de crâne monstrueux, des civils japonais dans le chaos de la guerre du Pacifique.
Et c'est ici, exactement en ce point, que se joue la troisième clé du texte : au sein de cette histoire et de ses personnages apparaissent à la fois le Japon de la bonté et celui de la cruauté, le Japon de la loyauté et celui de la fourberie, le Japon de l'intelligence et celui de l'irraisonnable et le Japon de la justice aveugle et celui de la vengeance lucide. Mais tous ces mots ne sont vrais qu'en fonction de notre éducation et de notre jugement occidental, pas forcément en fonction d'un jugement autochtone. Et c'est bien ce décalage qui est si difficile à saisir dans ce récit et ce pays. C'est-à-dire que ce récit donne, à qui ose le remettre en ordre, la clé du paradoxe japonais tant décrié ; et c'est bien là cette troisième clé intéressante de l'histoire. Pourtant ce « marécage », comme cette « injustice », cette « oppression » ou cette « haine », comment et par quel jugement si sûr de lui-même est-il défini au Japon à cette époque d'Edo, ou même en tout lieu et en tout temps dans les sociétés humaines ? Car cette question... c'est une question politique, mais également intemporelle, actuelle et surtout très sérieuse. C'est en effet une question qui peut engendrer la paix, comme elle peut engendrer... le pire. Il y a donc bien de l'universel transposable dans ce récit des 47 rônins.

Et puis, on ne peut pas continuer à parcourir ce texte extraordinaire sans s'émerveiller sur les talents de comédiens du seigneur Ôishi, ou celui très proche du samouraï ivrogne Akaigaki ou d'autres. Parler de ruse ici serait presque vil tant l'effet se veut profond. En effet, il va toucher jusqu'au tréfonds de leur confiance les propres vassaux de l'intendant rusé. Mais on comprend au fil du récit que celui-ci ne « joue » pas. Il va jusqu'au bout de sa stratégie en étant réellement saoul de luxure et en répudiant sa vertueuse épouse. Le pas est donc franchi entre l'acteur de scène et l'acteur de vie. Plus que cette idée d'un « sabre de vie » d'ailleurs qui est, si je peux me permettre ce jeu de mot, à double tranchant idéologique, cette idée d'un « acteur de vie » me semble caractériser mieux une mentalité japonaise toute théâtrale dans sa vitalité propre. Cette théâtralité rejoint cette intransigeance de la mentalité, et ce paroxysme de la crise identitaire que nous venons de voir. « On va jusqu'au bout », il n'y a pas d'autre solution : aller jusqu'au bout ! Voilà la stratégie. Mais pour la tactique, le problème se pose autrement et compense ce « jusqu'au-boutisme » : la tactique servira, en effet, à enrober cette ténacité extrême pour la « déjouer » dans son apparence et ses objectifs. Et deux caractéristiques montrent par exemple, combien l'équilibre se fait ici entre stratégie et tactique : la minutie avec laquelle on prend son temps pour préparer les évènements (ainsi le trésor du clan est partagé avec art et intelligence, ainsi des armes exceptionnelles sont commandées et fabriquées spécialement pour « l'événement »), et cette patience calculée qui est l'une des qualités fondamentale du guerrier au combat : savoir quand attaquer sans risquer ses propres forces. Cette volonté d'aller au bout de son devoir, cette minutie de la préparation et cette patience calculée de l'homme sage, du fin stratège qu'est l'intendant Ôishi, caractérisent la quatrième clé importante de cet événement.

Et puis, il faut toujours se souvenir que le Japon est constitué d'un ensemble d'îles. Les Japonais sont donc des îliens. Ce paradoxe par rapport à notre monde occidental est le plus souvent à rapprocher non de nos mentalités continentales, mais de mentalités pareillement insulaires pour être décrypté.
Sicile, Corse, Islande, îles britanniques, Polynésie, Antilles, les peuples insulaires sont beaucoup plus attachés à des notions relationnelles entre clans, ou des conditions d'apparence comme « l'honneur », « la loyauté », « le chef », « l'ancien », « la famille », « la face », « les mots qu'on emploie », « les cérémonies », « l'émotion », etc. que les continentaux. Il faut se souvenir également que l'histoire des 47 se déroule pendant la période Tokugawa de renfermement quasi absolu du Japon sur lui-même. L'île se fait donc et alors « monde entier » à elle seule. Ses habitants, son système de pensées et son organisation sociale se font universels par essence puisque rien d'autre n'existe « qu'eux chez eux ». Ces deux aspects du Japon forment une cinquième clé du récit. Elle transpire très bien de cette phrase de la splendide dernière lettre que l'intendant Ôishi écrivit à son épouse : « *[...] nulle renommée jamais n'égalera celle de braves qui sacrifient leurs sentiments et leur vie afin de faire régner la Justice et l'Honneur* ». Du mot « nulle » au mot « honneur », chacun de ces mots compte et a son poids de valeurs ici. Avant même d'être japonaise, ce sont là typiquement et à mon avis des valeurs insulaires qui viennent montrer très bien une vision d'un monde refermé sur une idée de société parfaite, donc idéal du peuple humain car close sur l'idée d'un règne lui aussi fermé de la justice et de l'honneur.
Or qui en est le représentant suprême de cette île des montagnes : le *shôgun* et, au-delà de lui, l'Empereur (ou dans le récit son représentant). C'est là, la sixième clé du récit : le *shôgun* règne sur l'Empire, de façon concrète, de façon matérielle, mais l'Empereur est au-dessus de celui qui règne. Il est donc a contrario celui qui « est » (le Japon). Le comble de l'histoire, c'est qu'on ne saura jamais

comment fut reçu le représentant de l'Empereur qui est pourtant la cause réelle et sérieuse, comme l'on dit en droit actuel, de ces évènements. Le récit des 47 a cela de très particulier que l'histoire de la représentation de l'Empereur est finalement de grande conséquence, mais de façon protocolaire face à ce qui se passe. Elle semble surtout être, dans les faits, un déclencheur. Il y a là également un point très intéressant rappelant l'idée d'un procédé théâtral. Car le Japon d'alors, comme celui d'aujourd'hui dans le cœur des Japonais, est bien un Empire. Cela veut dire quoi, un Empire ? Cela signifie un fil de pouvoir souverain de l'empereur, d'origine divine concernant le Japon de l'époque, jusqu'au dernier du dernier des esclaves relégué au rang d'animal. Ce fil de loi qui relie alors comme une chaîne un très haut d'un très bas, c'est le fil de la vie humaine. Trancher un brin considéré comme « gâté » de ce fil, c'est assumer le pouvoir de la loi sur effectivement : l'oppression, l'injustice et la haine en élaguant cette chaîne, en la débarrassant d'une gêne contaminante. Tuer ici, dans ce monde étrange où la valeur de la vie se mesure à l'aune de son obéissance à ce fil, représente non un acte barbare et horrible en soi mais, au contraire, un acte purificateur. Le sang lave le sang : le sang noir de Kira l'infâme lavera le sang rouge d'Asano le juste. C'est ici la septième clé que je perçois à l'histoire fabuleuse des 47 samouraïs.

En tant qu'Occidental pourtant, notre jugement nous pousse à penser que c'est le seigneur Asano Takumi no Kami qui dès le départ commet les erreurs qui précipiteront sa perte et celle de son clan. C'est lui qui ne comprend pas le monde de vénalité du pouvoir du ministre Kira, bien sûr, mais également de la cour (ou ne l'accepte pas au point de s'y heurter). Lui encore qui ne comprend pas le message semi-codé du prince Hori qui lui intime le conseil discret d'offrir au Ministre de l'or plutôt que des cadeaux de bien. C'est lui, toujours, qui commet l'irréparable en dégainant son sabre, en pourchassant et en blessant même un ministre shôgunal dans l'enceinte shôgunale sacrée.

Et pourtant c'est le Ministre, l'infâme. C'est avec le sang du Ministre qu'il faut laver la cité, de son sang vil. Le peuple lui-même réclame indirectement une vengeance, une punition. La position du *shôgun* est également étrange dans sa justice somme toute très expéditive et vénale, elle aussi. Savons-nous tout alors de cette histoire ? Je suis persuadé que non. Mais peu importe, elle est devenue légende à partir de ce moment justement, non à partir de celui où le peuple et les familles des 47 se sont emparés du récit mais, à partir du moment où « l'on commence à ne plus tout savoir ». Il reste donc du récit cette étrange raison expéditive qui fait de l'un ou de l'autre un bon ou un méchant. Et c'est cela qui cautionne finalement le récit lui-même. Oui, le ministre Kira est un lâche, un corrompu, un dénigrant avare aux mains sales d'un pouvoir toujours négocié et d'un or, semble-t-il, mal acquis. Oui, Asano est cet ingénu impétueux, orgueilleux de son état, proche de ces héros antiques qui veulent refaire le monde en montrant une probité naïve et déplacée de leurs armes. Oui, le pouvoir en place privilégie ouvertement le Ministre corrompu au profit de sa tranquillité, montrant ainsi sa propre corruption. Oui ce pouvoir montre pourtant, tel un père tiraillé entre son devoir et ses sentiments, son

« affection » à ces héros, en reconnaissant leur acte comme fondé, acte qu'il a pourtant lui-même contribué à mettre en place. Oui, les 47 se vivent à part du monde une fois leur idéal trahi par la mort jugée injuste de leur maître. De toute façon, ils sont déjà « morts » socialement à partir du moment où leur seigneur a sombré. Et cela, au-delà de leur condition terriblement mortelle de samouraï. « Morts socialement », certes. « Morts en sursis » ? Sûrement. Mais leur idéal de vengeance remplit en fait leurs cœurs d'une gloire posthume assurée, immense. Et cette renommée qui les replacera d'emblée dans le social de l'époque (et même dans l'infinie éternité du temps social japonais), ils la gagneront vraiment, ombres de vivants, ce 14 décembre-là dans un bain de sang noir et chaud sur la neige froide et blanche. Car, assurément, ils trancheront le cou du ministre comme celui d'un gros poulet, et la tête de sa jeune descendance mâle de même. Un ministre qu'ils diabolisent dans leur orgueil exacerbé de samouraï. Intransigeance, disais-je, mais aussi et alors paroxysme d'une crise d'identité : le samouraï dont le « père » sombre d'un coup, n'est plus rien. Là encore contradiction puisque la mort du seigneur Asano est pourtant tout à fait honorable et juridiquement justifiée. Pourtant cela ne semble pas suffire. Il y a donc malgré tout injustice, et tout dans le récit montre que la société d'alors le vit ainsi. Or, si un samouraï n'est plus rien, s'il devient rônin, il n'est plus alors que ce qu'il a été. Il ne pourra redevenir au présent que s'il fait rattraper, paradoxalement (ici encore), son passé à ce présent du rien : huitième clé, ici, des 47 rônins.

Il faut également parler, ici, du réel personnage principal de l'histoire et faire éloge de l'intelligence, de la patience, de la ténacité : celle de l'intendant Oishi. Son *mon* (son blason), représente *In-Yo*, le *Yin* et le *Yang* japonais, dans une position circulaire d'incomplétude, de séparation. Ce blason aura-t-il trouvé son équilibre dans cette apothéose vindicative et sanguinaire ? Pour nous Occidentaux qui n'aimons plus trop la vue du sang, il paraît difficile de juxtaposer l'équilibre absolu des énergies avec un acte qui rappelle un peu trop certaines images qu'on a pu entre-apercevoir récemment à la télévision en Afrique centrale, en Ex-Yougoslavie, en Tchétchénie, ou au Moyen-Orient. Il y a donc vraiment, comme je l'ai dit précédemment, un travail contextuel à reformuler et un travail sur l'histoire à replacer. Ôishi ne se pose pas ce genre de question d'éthique sur le corps sanglant de Kira. Pour lui, pour les 47, pour son monde, cette barbarie du sang dans un état de non-guerre est preuve d'héroïsme éclatant, c'est même cela qui place un véritable samouraï hors de l'enclos des « bestiaux », ou la masse du « troupeau » des commerçants, des artisans, du peuple et des autres pleutres. Le caractère politique du récit prend sens, ici, dans cette différence marquée entre ceux qui sont « vraiment », c'est-à-dire de plus en plus, et ceux qui survivent du peu du monde, c'est-à-dire ceux qui sont de moins en moins.

Le ministre Kira Kozuke no Suke, ainsi, tout ministre qu'il est, tout alourdi de ses manches remplies d'or, n'est plus rien pour eux dès qu'il montre une aversion pour le courage. Il n'est plus rien dès qu'il montre son horreur panique du sang et des armes. De fait, il devient ainsi pour les 47, qui se veulent

eux-mêmes les suprêmes exemples personnifiés de la caste des guerriers vivants en sursis perpétuels, encore moins que ce rien.
Le ministre Kira est en effet le contre-exemple de ce qu'ils sont, eux, et donc un anti-modèle pour tous. Cet avare couard et corrompu personnalise à lui seul pour les 47, la bassesse la plus absolue du monde humain. Il y a donc dans ce récit deux formes de hontes caractéristiques : la vraie honte (celle cachée du lâche) et la honte d'apparence (celle du courage camouflant son dessein). La honte vraie (ontologique) ou la fausse honte (sociale) forment la neuvième clé de ce récit.
Enfin et pour finir ici, je voudrais revenir sur ces neufs points précédents et les mettre en corrélation avec la file d'attente en ce soir glacial du 14 décembre 2005. Qu'ai-je extrait comme archétypes un peu primaires de ce récit :

- C'est un récit à caractère tragique dans le sens antique du terme. Il y a du sacré dans cet événement, du sacrificiel, non dans le sens simple de sacrifice de la vie où nous l'entendons à la lecture rapide du texte, mais dans un sens plus profond de purification humaine des « souillures du monde » ;
- Ce récit montre une intransigeance devenue qualité dans ce monde de samouraïs. Cette intransigeance, c'est cela l'honneur : pas de compromis, pas d'hésitation, pas de partage. Avec ou sans panache d'ailleurs, c'est ici et sans cesse : tout ou rien, la figure haute, « l'épée de justice » suspendue réellement au-dessus de chaque tête en permanence ;
- Ce récit dévoile l'idée d'un paradoxe japonais, c'est-à-dire d'un monde tiré toujours entre des extrêmes qu'il fait cohabiter, sans les gérer forcément par ordre d'importance ;
- Ce récit montre une volonté permanente d'aller au bout de ce que l'on a à faire avec une minutie et une patience calculée au plus juste et cela, en dépit des apparences ;
- Ce récit est l'expression d'une culture insulaire refermée sur elle-même. « Le monde, c'est nous », clame en silence mais avec vigueur cet « esprit des îles » ;
- Ce récit montre que le fil de la vie est relié directement à l'Empereur, donc au divin, et ainsi montre la nature intrinsèquement divine de chaque Japonais de l'époque ;
- Ce récit montre que, dans ce Japon et pour ce temps (1703), tuer ou se tuer correspond à un acte magnifié de purification, lié au devoir de représentation tragique du premier point et en liaison avec le divin en chaque Japonais du sixième point précédent ;
- Ce récit montre bien le paroxysme d'une crise identitaire de l'être, du citoyen guerrier lié à la Loi lorsqu'il est délié de ses alliances, c'est-à-dire du groupe qui lui donne un rôle en tant que partie d'un tout constitué qui le nomme. Le samouraï en cela est un être grégaire bien qu'il estime se tenir en dehors du troupeau par sa condition (y a-t-il alors différents « troupeaux » ? ; on retrouve ici la réflexion philosophique sur les différences entre les troupeaux, les meutes, les bandes...) ;
- Ce récit montre que la honte ne peut être, en fait pour un Japonais, qu'ontologique et non fondamentalement sociale.

À la lecture de ces neuf points (principaux à mes yeux, mais il est possible d'en trouver d'autres dans ce récit) on s'aperçoit soudain du lien qui unit, sans doute pour une grande part de façon inconsciente, ces pèlerins venus un soir du 14 décembre 2005 poser quelques bâtons d'encens sur les tombes du temple de Sengakuji et les aventures des 47 rônins ayant perdu soudain leur maître.
On parle alors de « loyauté, de courage, de ténacité » certes, et je l'entends bien, mais cela va bien plus loin et ces mots-ci ne sont, pour moi, que des mots paravents. C'est plutôt, et directement, tout un pan de la mentalité et de la civilisation japonaise que symbolisent les aventures de la tragédie des 47 samouraïs. Eux-mêmes étaient conscients de la haute valeur de leur exemple, de ce que raconte le texte (la mère de l'un d'eux ne va-t-elle pas jusqu'à se suicider pour protéger cet acte de vengeance en amont ?). Le *shôgun*, également, en était conscient qui leur donne l'infime honneur, non seulement de se trancher le ventre et d'être décapité comme des nobles, mais également celui d'être inhumé auprès de leur maître et celui, plus grand encore, d'être honoré pour des siècles et des siècles par Terasaka Kichiemon no Buyuki, le plus jeune d'entre eux à qui il laisse la vie sauve, et ses descendants.
Chaque fois que je suis allé à Sengakuji les tombes étaient fleuries, des mandarines, des bonbons ou du saké y étaient posés, des bâtons d'encens y brûlent jour et nuit... Alors, qui sont ces descendants aujourd'hui ?
Je pense, mais bien entendu je peux me tromper, que ce récit se tient à l'exacte frontière d'une profonde nostalgie identitaire du peuple japonais avec son histoire médiévale, et du choc de son élan moderniste depuis l'ère Meiji jusqu'à aujourd'hui. Or, et il faut le rappeler même si cela fait mal : toutes les valeurs profondes de ce peuple et de son équilibre ont été rapidement bousculés par la tentative de « viol » tentée par le monde colonial occidental au XIXᵉ siècle (les mots plus caressants parlent « d'ouverture »). Je pense que les évènements expansionnistes du Japon du XXᵉ siècle sont d'ailleurs et à cet égard le syndrome dramatique en retour de ce dérèglement profond. Le Japon a pris tout simplement exemple sur nous, mais avec ses valeurs propres, avec sa violence hégémonique et son idéologie guerrière qui est justement, et au propre, sans état d'âme, de la même nature impassible que le suicide du seigneur Asano Takumi no Kami d'Enya.
Ainsi, ce que représentent ces 50 tombes, n'est-ce pas justement l'esprit japonais dans toute cette particularité évolutive, dans toute son essence blessée ? Ces neufs point ne sont-ils pas ce qui a fait chez eux témoignage de ces défauts d'échec tragique, comme de ces qualités de réussites éclatantes (la réussite économique du Japon d'après-guerre, par exemple) ? On retrouve ici le paradoxe japonais dans toute sa splendeur.

Pour ma part, je tire pourtant une leçon autre de ce récit des 47 rônins : le pire comme le meilleur se côtoient ici de façon flagrante, la bonté la plus grande comme la boucherie la plus crue, le courage et le vil, la justice comme l'injustifiable. Ainsi, qu'est-ce qui unit l'un de ces extrêmes de son opposé, qu'est-ce qui fait que tel acte est bon ou ne l'est pas ? Quelle est finalement la valeur d'un acte ?

« Ce n'est pas la forme de l'acte, c'est son fond, ce n'est pas son apparence, c'est pourquoi il s'est fait qui caractérise un acte », pourrait-on penser avec ce que dit l'épouse de l'intendant Ôishi : « *pour connaître la véritable valeur d'une action, il faut en attendre le résultat, le résultat qui permet seul de juger les moyens employés* »... Mais l'histoire du Japon expansionniste du siècle dernier montre un contre-exemple flagrant de cet adage. Faut-il dire alors : « c'est seulement celui qui gagne qui a raison » ? Oui, sans doute, mais dans le même temps, ce serait bien contraire à une identité humaine constatable à travers les lieux et les siècles : sur la durée.
Quelle est donc la valeur d'une action ? Je crois qu'on confond ici le mot « valeur » avec le mot « valeureux ». Car si l'on prend ainsi le mot « valeureux », l'adage de Dame Ishi d'Enya est juste et adéquat à l'épopée des 47.
C'est donc bien le mot « valeur » qui fait problème ici. Or ce mot vient étymologiquement de l'idée qu'une chose, ou qu'une personne, possède une certaine qualité, oui, mais... propre à un certain usage.
Le fait de dire qu'un acte est juste ou non, ne peut donc plus jouer ici qu'en fonction d'un usage (en l'occurrence, celui des samouraïs de l'époque et à Edo). Le lien entre les extrêmes c'est donc, d'abord, le vide qui sépare ces extrêmes. Or ce vide c'est nous, profondément nous, au sein du contexte de notre monde.
Comme l'étaient les 47 valeureux, « nous sommes en usage de... » ou non.

Notre naissance en tel ou tel endroit, notre éducation que nous n'avons pas pu contrôler, nous font aller de façon grégaire vers ce que notre société, notre milieu proche pense lui-même, et pense de lui-même. Et cela sans même que nous nous en rendions compte le plus souvent. Les samouraïs pensaient pouvoir s'extraire de cette condition humaine et devenir des guides du peuple troupeau, en devenant des êtres détachés de la vie elle-même (les cœurs déchirés tout au long du récit montrent pourtant combien l'attachement matériel ne leur était pas étranger, ce qui n'est pas incompatible il est vrai, avec un détachement volontaire ; c'est ce qui fait la différence ici avec des bonzes). Et c'est ce détachement de leur vie qui est leur plus belle victoire, au-delà de leur vengeance envers un ministre ladre : réussir là où le commun échoue, voilà leur renommée. Et je pense que c'est ici que se place l'actualité et la ferveur japonaise envers le récit des 47 rônins.
Ainsi, le terme de valeur humaine se rapproche effectivement de l'idée « d'améliorer le monde ». Et cette idée de vouloir améliorer le monde, c'est une ritournelle très japonaise elle aussi. Mais qu'est-ce que cela veut dire « améliorer le monde » ? Et surtout : en vertu de quoi ? Si l'histoire des 47 rônins et son ensemble de valeurs sonnent comme l'ensemble apogée d'un idéal extrême du monde samouraï comme je viens de le dire, comment pourrais-je, moi, caler mon jugement d'aujourd'hui par rapport à ce type de monde ?

C'est ainsi que je vois principalement dans cette histoire le récit non d'une façon d'améliorer le monde, mais le récit d'une façon d'envisager le monde (finalement, lui donner un visage grâce au regard qu'on a de lui), et je me dis qu'il y a là donc un réel modèle d'action, de pensée et de comportement en acte, donc aussi, un modèle social.
Certes, mais quel exemple anachronique !
L'est-il tant que cela ? C'est notre civilisation scientiste actuelle qui nous ferait penser à un anachronisme, pas forcément la réalité de l'actualité mondiale.

Je me dis, ainsi, qu'il faut rester lucide sur les dangers potentiels qu'un tel exemple peut représenter s'il est mal intégré dans son contexte ou traduit à des âmes simples comme un idéal humain à revivre ou à entretenir. En effet, la Culture (ici avec un grand « C ») présente par ce récit ses deux visages : celui de la « Sapience », qui est l'exercice de la sagesse dans la science du monde (historique ici) ; mais également celui d'un « Masque des apparences », un masque, cette fois, qui peut cacher aussi le sens des évènements, le laisser incomplet, voir se faire retourner complètement au profit d'une idéologie particulière. Lire ou relire ce texte, c'est comprendre ou ressentir comment et pourquoi un tel événement a pu se produire en ce lieu, à cette époque, certes, mais c'est aussi apprivoiser ces deux visages potentiels de cet extraordinaire récit des 47 honorables samouraïs.

C'est pour moi la plus grande leçon à tirer de cette histoire extraordinaire des 47 rônins et, dans cette perspective, je la conseille vivement car elle est exemplaire par le type de réflexion personnelle qu'elle devrait pouvoir engendrer chez chacun de nous.

Olivier Gaurin,
Tôkyô, le 21 décembre 2005.

L'encens brûle nuit et jour au Sengakuji.

Prières nocturnes sur la tombe d'Asano.

Le mon d'*Ôishi*
Kuranosuke.

Le mon d'*Asano*
Takuminokami Naganori.

DE L'HISTOIRE À LA LÉGENDE

Les 47 rônins n'ont rien d'une légende : ces hommes ont bel et bien existé et leur histoire a profondément marqué les mentalités japonaises.
Tout a commencé en 1701, en l'an 14 de l'ère Genroku, dans le fief d'Akô, de la province de Harima. À cette époque coexistaient au Japon deux sphères de pouvoir bien distinctes : le *shôgun* pour gouverner le pays et l'empereur pour y régner. Et en cette belle journée de printemps 1701, le *shôgun*, Tokugawa Tsunayoshi, attend l'arrivée de trois émissaires de l'empereur Higashiyama. Il charge alors Asano Takumi no Kami et Date Sakyô no Kami d'organiser le cérémonial.
Les deux hommes diffèrent du tout au tout. Le premier est un jeune guerrier, beau et impétueux, tandis que le second, plus âgé, force le respect par sa tempérance et sa sagesse. Ils prennent la décision d'aller consulter le chef des rites attaché au fief, Kira Kôzuke no Suke, un pleutre pas même capable de tenir son sabre, calculateur et vénal...
Le jeune Asano Takumi no Kami a le sang bien trop chaud pour accepter l'attitude, indigne d'un samouraï, du chef des rites. Son intransigeance et sa colère muette excitent l'ironie et la moquerie de Kira, c'en est trop. Notre jeune samouraï provoque son aîné. Il dégaine son sabre, le poursuit dans les appartements du palais et le blesse. Sans doute, emporté par sa rage, l'aurait-il même tué sans l'intervention providentielle d'un de ses fidèles assistants.
Mais les règles du gouvernement des Tokugawa sont strictes et ne souffrent pas d'exception, quelles que soient les circonstances : il est interdit de dénuder sa lame dans l'enceinte du Palais. Et, bien sûr, il est interdit de blesser ou de tuer. Kira Kôzuke no Suke se précipite en haut lieu pour se plaindre de son cadet. En quelques secondes, la cause est entendue et Asano est condamné au *seppuku*, le suicide rituel des braves. Il accepte la sentence et meurt le soir même. Ses vassaux sont bouleversés : ils veulent la tête du traître qui a lâchement provoqué leur maître et a fait d'eux des samouraïs sans maître ni attache, des rônins. Ôishi Kuranosuke Yoshitaka surtout, vassal principal d'Asano, est accablé : il intente des actions en justice ; en vain. Finalement il réunit autour de lui une quarantaine de fidèles et, dans le plus grand secret, organise l'assassinat de Kira.
Mais l'ennemi est sur ses gardes : il faut endormir sa méfiance. Aussi les conjurés masquent-ils, derrière des activités anodines ou une débauche feinte, leurs activités de surveillance et d'espionnage. Ils passent pour des traîtres, on les méprise, on les montre du doigt, mais ils endurent l'infamie qui fait bouillir leur cœur avec courage et patience.

Finalement, au bout de presque une année de surveillance, leur abnégation porte ses fruits : ils apprennent que Kira doit tenir une réunion de thé le soir du quatorzième jour du douzième mois de l'an 15 (soit le 30 janvier 1703). Les conditions sont idéales, le moment que tous attendaient avec impatience est enfin là. Dans la nuit du 14 au 15, la troupe des conjurés s'ébranle sous la neige de l'hiver et se lance à l'assaut du palais de Kira. Il ne leur faudra que quelques minutes pour trouver le traître et lui trancher la gorge. Puis, la vaillante cohorte se met en marche vers le Sengakuji, le temple où repose le corps d'Asano, précédée d'une lance tenue bien haut sur laquelle était fichée la tête sanglante de Kira. Ils rendent un dernier hommage à la tombe de leur maître avant de se rendre aux autorités.

Il va sans dire que le récit des exploits de ces 47 héros-là fit grand bruit dans la capitale. Dans cette petite ville assoupie, la nouvelle de leur exceptionnelle bravoure se répandit comme une traînée de poudre et ébranla les cœurs et les esprits. De l'enthousiasme à l'incrédulité en passant par la compassion, les 47 conjurés déchaînèrent les passions. Et si leur exploit n'était finalement qu'un acte de violence et de rébellion contre l'ordre établi et les décisions shôgunales ? La justice hésitera longuement quant au verdict à rendre.

Finalement, après bien des débats et des hésitations, le quatrième jour du deuxième mois de l'an 16 de l'ère Genroku (soit le 20 mars 1703), nos 47 héros furent priés de s'éventrer. Ils s'exécutèrent, dit-on, avec satisfaction voire allégresse, près de la tombe de leur maître.

Avec eux s'achevait l'anecdote ; la légende pouvait s'élancer. À l'époque, pour des raisons politiques évidentes, il était interdit de mettre en scène des événements récents, d'autant plus s'ils n'étaient pas à la gloire du gouvernement. Mais Chikamatsu, le plus grand dramaturge de l'époque — et sans doute de l'histoire japonaise — ne l'entendait pas de cette oreille. Il met en scène une série de pièces de théâtre qui use et abuse des ressorts dramatiques inépuisables de l'aventure des 47 rônins. On lui emboîte rapidement le pas et les représentations fleurissent aux quatre coins d'Edo. Tous ces auteurs se gardent bien d'attirer trop ouvertement les foudres de la censure : les noms, l'époque, les mobiles changent mais l'histoire reste globalement la même. Avec un souci évident de retracer fidèlement le réel tout en préservant une atmosphère plus riche et plus romantique que celle de la réalité.

Tant et si bien que de nos jours, dans le foisonnement des récits, annales, journaux intimes... réels ou inventés de toutes pièces, il est devenu difficile de faire la part entre la réalité et la fiction. Les Japonais, eux, ne se posent d'ailleurs pas la question et tiennent en général pour vraie la version que le théâtre leur donne à voir.

L'ouvrage de George Soulié de Morant se situe résolument dans cette tradition. À partir des sources — nombreuses — qu'il a pu consulter, il a écrit pour nous un « *Chûshingura*, 忠臣蔵 » (*trésor des loyaux samouraïs)* tout à fait exceptionnel. D'abord parce qu'il intègre de façon particulièrement cohérente les faits tels qu'ils ont réellement eu lieu et la légende qu'ils ont suscitée et, ensuite, parce que c'est une histoire captivante qu'on prend plaisir à lire et à relire.

Ancien portail d'entrée du temple Sengakuji.

Autrefois en bord de mer, le temple est implanté aujourd'hui en centre-ville.

Les rônins d'Asano sont reconnaissables à leurs vestes noires à dents blanches (estampe, musée du temple Sengakuji).

Avant-propos

Les aventures des 47 rônins ne sont pas une légende, mais un fait historique que l'imagination populaire s'est plue à embellir. L'Histoire du Japon rapporte les épisodes essentiels de ces tragiques événements et la mort des héros. Les familles montrent les reliques de leurs glorieux ancêtres. Des pèlerins innombrables visitent sans cesse les tombes sacrées, rangées autour du monument funéraire du *daimyô*. Ces tombes m'avaient spécialement frappé par le culte exceptionnel qu'elles reçoivent. Elles sont situées près du centre de Tôkyô, à six kilomètres à peine au sud du Palais Impérial, le long de la grande route du Tôkaidô, « la voie de la mer Orientale », dans le district suburbain de Takainawa.

Une fois dépassé le haut portail de l'enceinte, les pierres verdies d'un large escalier montent sous les portiques écarlates des *torii* jusqu'au temple de Sengakuji auquel est confiée la garde des lieux sacrés. Dans le silence du parc entourant le monastère, la lumière tamisée de la haute futaie jette une dentelle mouvante sur les stèles basses qui se dressent sans ordre, déjà rongées d'un lichen d'or. Et l'ombre douce, depuis deux siècles, est toujours piquetée par les petites flammes dansantes des cierges votifs que les pèlerins renouvellent sans interruption sur les tombes.

Là, chaque jour, les pieux promeneurs en kimonos fleuris, accompagnés de leurs familles vêtues d'étoffes aux vives couleurs, vont d'un monument à l'autre, évoquant entre eux ou racontant à leurs enfants les exploits et la vertu de chacun des rônins et se grisant d'héroïsme, cet héroïsme japonais, « *yamato damashi* », plus enthousiasmant que la liqueur la plus forte.

Ainsi les morts héroïques, pareils sur leur colline à quelque volcan toujours en flammes, entretiennent parmi la nation, le feu étincelant de l'honneur, le *bushidô*, « la Voie du samouraï », qui brûle au cœur de tout Japonais et grâce auquel l'Empire du Soleil levant, seul en ceci dans l'histoire, doit de n'avoir jamais été envahi ni vaincu et de triompher aussi bien dans les arts de la paix que dans ceux de la guerre, dans la vie familiale que dans les relations internationales.

Pour qu'un peuple forgé de tels sentiments adresse un culte spécial aux 47 samouraïs, il faut que ces héros, dans leur loyauté, se soient montrés d'une bravoure exceptionnelle.

Il convient de signaler ici que l'héroïsme japonais n'existe pas beaucoup plus dans la vie militaire par les combats et la victoire par violence sur autrui, que dans la vie civile par l'accomplissement de son devoir et par la victoire sur soi-même. Le *bushidô* est une règle de hauteur morale qui s'adresse aux femmes et aux enfants autant qu'aux hommes.

En sorte que si l'aventure des rônins est célèbre, c'est bien parce que chacun d'eux s'est conduit noblement mais c'est aussi parce que tous ceux qui les secondèrent ont déployé les vertus les plus nobles et les plus hautes dont l'humanité puisse s'honorer. Le maréchal Nogi, le grand vainqueur de la Russie, s'est suicidé en 1912 à la mort de l'empereur Meiji Tennô, en évoquant dans son testament la loyauté des rônins et en répétant leur dicton : *Un samouraï ne sert pas deux maîtres*.

L'histoire des 47 forme un bouquet choisi de toutes les fleurs d'héroïsme que porte avec tant de fécondité cette terre de braves. Chaque épisode est une illustration d'une règle du *bushidô*. Mères, épouses, enfants, époux et parents y montrent comment, en face du devoir essentiel de l'heure, les devoirs secondaires et les sentiments les plus profonds doivent courageusement céder afin que l'œuvre s'accomplisse et que l'injustice soit chassée de la terre. L'âme japonaise s'épanouit là dans son idéal le plus élevé.

Les grands traits de l'histoire des rônins se trouvent mentionnés dans tous les livres d'histoire. Mais la vie particulière de chacun des braves, depuis l'année où la dispersion de leur clan fit d'eux des *rônin* (prononciation japonaise des deux caractères chinois « 浪, *Lang* » et « 人, *Jen* », qui signifient « hommes sur les vagues »), est connue surtout par des mémoires, des récits de contemporains, des traditions familiales où la vérité stricte n'est cependant pas toujours sauvegardée. Les motifs des actions donnent lieu à bien des suppositions. Les événements secondaires, ceux que l'histoire n'a pas fixés, ne sont pas toujours racontés de la même manière. Dans « *Chûshingura*, 忠臣蔵 », recueil important, l'on donne jusqu'à treize versions des mêmes scènes. Les noms mêmes sont parfois intervertis. Dans les innombrables romans ou pièces de théâtre sur ce sujet, tantôt c'est l'un, tantôt c'est l'autre des héros qui occupe le premier plan.

C'est que chacun de ces récits est basé sur des documents différents. Les traditions de chaque famille n'étaient pas les mêmes. La légende et l'imagination populaire embellissaient et changeaient bien des détails.

Dès lors, l'intérêt de cette légende historique consiste surtout, en dehors des faits certains qu'elle contient, en l'image même que l'enthousiasme japonais s'est créé de chaque personnage.

Composant pour ainsi dire un bouquet d'héroïsme, j'ai choisi, dans les publications les plus célèbres, les épisodes le plus souvent répétés, ceux qui, par conséquent, étaient les plus chers aux cœurs nippons. Quelques-uns sont traduits presque littéralement, sans aucune suppression, en particulier le suicide de la mère de Hara Mototochi, tiré du « *Iroha Bunko* » (*chap. 81 et 82*). D'autres épisodes sont au contraire adaptés, ces différents textes originaux étant trop diffus ou trop concis et demandant une refonte de plusieurs versions.

Nous avons été aidés dans cette tâche difficile par M. Bourgois, consul de France, auteur de nombreux travaux sur la langue japonaise, et par M. R. Martinie, ancien attaché naval à Tôkyô, qui nous a prêté obligeamment les ouvrages dont nous nous sommes servis.

George Soulié de Morant

Estampe d'Ando Hiroshige (1797-1858).

Le jeune Terasaka Kichiemon.
Estampe d'Utagawa Kuniyoshi
(1798-1861).

La sentence condamnant les héroïques samouraïs à se donner la mort, le 4 février 1702, ordonnait au plus jeune, Terasaka Kichiemon, de demeurer en vie afin que les offrandes rituelles fussent régulièrement faites aux esprits des nobles condamnés. Seul, l'un des braves était assez héroïque pour que ses offrandes fussent agréables à ses compagnons. Et le plus jeune avait été choisi, puisqu'il devait normalement vivre le plus longtemps. En fait, Terasaka Kichiemon, qui avait seize ans en 1702, mourut à l'âge de quatre-vingt-un ans, l'année 1767.
La gloire quasi divine qui l'entoura jusqu'à son dernier jour lui attira les hommages de nombreux et fervents admirateurs dont les mémoires, ou simplement les souvenirs, ont été utilisés par la plupart des historiens. Mais, pour précieux que soient ces mémoires, ils parlent tous presque uniquement du héros survivant, car bien rares étaient les visiteurs auxquels Terasaka daignait parler de son passé. Le héros, pourtant, admit comme confident un jeune marchand de soieries du quartier de Chiba, à Edo, nommé Odagiri Kanesada. Et ce dernier, se rendant heureusement compte de la faveur insigne dont il était l'objet, notait avec soin tous les enseignements de celui qu'il considérait comme une divinité.

Comme il l'écrit lui-même : « *Rien ne saurait égaler, pour convaincre, ce que les yeux voient et ce que les oreilles entendent. C'est pourquoi, chaque jour, je notais avec piété les récits que mes oreilles entendaient, afin que mon témoignage demeurât quand ma voix défaillante serait pour toujours éteinte.* »

Ce jeune marchand, de nature exaltée, achevait ses études vers le temps où Terasaka Kichiemon s'inclinait vers la tombe. L'univers retentissait encore de la gloire récente des 47 rônins. Tous les jeunes gens rêvaient d'égaler les héros par quelque trait magnifique de dévouement et de courage. Mais les seuls sacrifices qu'ils pussent faire étaient ceux, d'ailleurs fort difficiles, qu'exigent la vie de famille et les relations sociales.
En un cinquième jour de la première lune, date anniversaire de la mort des braves, il résolut d'assister à la cérémonie annuelle. Son manuscrit dépeint en quelques mots le mouvement du Tôkaidô à cette époque et les caravanes couvertes de poussière arrivant de villes lointaines ; les voyageurs quittant la capitale, chargés de bagages, chantant gaiement dans la fraîcheur ensoleillée de la claire matinée hivernale.
Comme les pèlerins modernes, il quitta le Tôkaidô au village de Takainawa et suivit le sentier montant sous les grands pins parfumés jusqu'aux *torii* écarlates et à l'enceinte grise du monastère.
Une foule respectueuse était rangée autour des tombes piquetées d'innombrables cierges allumés. Le jeune marchand décrit avec beaucoup de vérité le trouble dans lequel le jetèrent le silence attentif des spectateurs, l'ombre froide des pins, les lueurs oscillantes des cierges, l'âme peut-être attentive des morts.

Quand il vit le héros lui-même revêtu de son armure bosselée, appuyé sur sa courte lance, suivi de tous les religieux en robes de cérémonie, il courut se prosterner devant lui, le suppliant de l'autoriser à offrir sa vie, ce jour-là, sur les tombes sacrées pour le plus grand honneur des morts et la plus grande gloire de sa famille.
D'après le récit d'Odagiri, il semble bien que le vieux guerrier fut assez ému par cet enthousiasme sincère. Il répondit néanmoins qu'un tel sacrifice ne pouvait s'accomplir valablement dans l'enthousiasme d'un instant ; une sérieuse et longue préparation était nécessaire.
La cérémonie terminée, le jeune homme, introduit dans la cellule de Terasaka, fut questionné longuement par le vieillard « aux yeux de flamme dans une face d'ivoire ». Odagiri plut sans doute, car il fit dès lors de nombreuses visites au monastère, écoutant avec ferveur les anecdotes que le héros lui racontait sur ses compagnons, afin d'illustrer son enseignement de l'inflexible honneur, le *yamato damashi,* qui forme l'armature de l'âme nipponne.
Pour ne rien oublier de ces précieuses paroles, Odagiri notait donc chaque jour les récits qu'il entendait. C'est ainsi que, bientôt, il eut rempli un épais cahier jusqu'à la dernière page. Alors, il pria le héros d'apposer sa signature sur le livre afin qu'aucun doute ne pût s'élever sur l'authenticité des écrits.
Il semble que la lecture de ce manuscrit troubla profondément Terasaka et hâta peut-être sa fin, car Odagiri rapporte que, dès les premières pages, des larmes roulèrent sur le visage du guerrier ; d'amers soupirs gonflèrent sa poitrine. Le jeune marchand, intimidé, se retira discrètement.
Le lendemain, quand il se présenta au monastère, le héros était mort. Le chef des religieux rendit au jeune homme son manuscrit dont la première page portait l'inscription suivante :
« *Moi, Terasaka Kichiemon, samouraï d'Enya, ayant reçu du Haut Seigneur l'ordre de vivre après que tous les autres vengeurs d'Enya se furent donné la mort, j'ai maintenant atteint au dernier déclin de la vieillesse.*
Tous les événements admirables qui étaient en ma mémoire allaient périr avec moi. Ils ont été transcrits par un homme loyal qui, dans son ardeur, a voulu les faire connaître à l'univers. Ce sont mes paroles mêmes que son pinceau a fixées pour jamais.
Quand les yeux qui ont vu et les oreilles qui ont entendu ne seront plus, son œuvre demeurera pour honorer notre daimyô *défunt et les braves qui l'ont vengé. Les cœurs nobles, célébrant nos actions de génération en génération, réchaufferont nos esprits glacés. La loyauté, l'énergie, la droiture fleuriront dans toutes les âmes du Japon !*
Écrit le vingtième jour de la douzième lune pour le pieux et honorable Odagiri Kanesada.
Terasaka Kichiemon »
Odagiri ayant noté les récits de Terasaka tels qu'il les entendait, c'est la voix même du héros qui, de son propre témoignage, demeure ainsi éternellement vibrante par-delà le tombeau, en dépit des siècles. C'est sa bouche même qui redit « *ce que ses yeux ont vu, ce que ses oreilles ont entendu* ».
Écoutons avec respect son enseignement.

Bâtiment principal du temple Sengakuji.

Au printemps comme sous la neige, le temple Sengakuji reste un lieu sacré et très visité.

L'entrée du cimetière au printemps. Les portes du cimetière sont celles de l'ancienne demeure du seigneur Asano.

Kinemon Okano, son sabre en bouche, tord un linge. Estampe d'Utagawa Kuniyoshi (1798-1861).

忠臣蔵

CHÛSHINGURA

Le trésor des loyaux samouraïs

CHAPITRE I

Ôishi Kuranosuke Yoshitaka.
Estampe d'Utagawa Kuniyoshi
(1798-1861).

SOUS LA NEIGE, la verdeur éternelle des sapins de la montagne humilie de sa vigueur la déchéance des arbres dépouillés par l'hiver. Ainsi les qualités les plus fortes de l'homme apparaissent resplendissantes parmi les ruines que laisse l'adversité. Les admirables vertus du clan d'Enya seraient passées inaperçues sans les malheurs dont le destin frappa notre *daimyô*.

Mais, de même qu'au premier souffle de l'autan, nul ne sait encore si la frondaison du chêne n'égalera pas pour toujours les sombres aiguilles du pin, de même, quand notre Seigneur fut mort et notre clan dispersé, nul n'aurait su dire quels seraient parmi nous les héros et quels seraient les lâches.

Pour moi, Terasaka Kichiemon, j'avais à peine quinze ans. Le sage Hara Mototochi, après m'avoir gardé plusieurs années comme écuyer, m'initiant à l'art des combats et m'enseignant la « Voie des samouraïs », m'avait enfin considéré comme digne à mon tour de diriger des troupes et d'instruire des écuyers. Il m'avait proposé pour commander avec lui la garde qui veillerait sur la tombe du Prince. À ce moment, la princesse d'Enya, selon la coutume, s'était rasée la tête et, renonçant à ses titres, avait pris pour nom de religion un nom signifiant « Visage de Volupté aux cheveux coupés ». Elle s'était retirée non loin d'Edo, sur le mont Aroyama, dans le monastère des « Immortelles-vêtues-de-feuilles », où, dans une retraite absolue, elle attendait, pour mourir en paix, de savoir que l'injustice commise envers son époux avait été vengée.

Mais les malheurs arrivent plus vite et demeurent plus longtemps que les joies. L'attente est longue et les soupçons viennent aisément à ceux qui souffrent. Malgré le serment écrit avec du sang par les soixante-trois dans la Salle du Conseil en la forteresse d'Enya, quelques heures avant la saisie par le *shôgun*, notre Princesse n'était pas sûre, en son cœur, de notre loyauté. Elle voyait que notre clan était aboli, et que notre ennemi, toujours en haute faveur, était entouré d'innombrables gardes. Elle doutait de notre succès, parfois même de notre fidélité, et ses larmes coulaient chaque jour plus amères.

Nous-mêmes, dispersés, nous doutions souvent les uns des autres. N'osant nous communiquer nos plans ni les résultats de nos travaux, car nous savions être entourés d'espions par un Kira tremblant

de crainte, nous ne pouvions nous comprendre. Seule notre loyauté indéfectible nous empêchait de renoncer à une entreprise où chacun pensait être le dernier fidèle.
Et cependant le souvenir de notre grand serment aurait dû nous donner plus de foi.
C'était moi que le sage Hara Mototochi avait envoyé en toute hâte auprès du gouverneur de la forteresse et du fief d'Enya, dans la province d'Harima, sur le bord de la mer intérieure, pour annoncer la fatale nouvelle et remettre au prudent Ôishi Kuranosuke les dernières instructions secrètes de notre *daimyô*. Ôishi avait déjà reçu un message de notre Prince lui ordonnant d'envoyer une expédition contre le fief voisin appartenant à Kira, afin de le punir de son insolence.
Le gouverneur, quand j'arrivai, était assis dans la Salle du Conseil, attendant la venue de nos guerriers que les grondements déchirants du grand gong appelaient. Impassible, il écouta les nouvelles : la mort du Prince, la prochaine saisie de tous ses biens et la dispersion du clan. Il avait passé l'âge des impulsions aveugles et n'agissait plus qu'après avoir pesé chacune de ses paroles et de ses actions. Mais la flamme de son regard attestait son émotion.
Ainsi, quand, dans les jours les plus clairs, un ouragan s'élève soudainement détruisant villages et moissons, les âmes fortes ne songent pas à gémir ou à se lamenter : elles s'efforcent seulement de sauver en hâte tout ce qui peut être arraché au désastre.
Cependant les samouraïs entraient déjà l'un après l'autre, nous saluant et s'asseyant silencieusement sur les nattes blanches, attendant immobiles que le Conseil s'ouvrît.
Par les panneaux largement relevés, l'air frais de cette fin de journée passait en souffles successifs dans la salle, apportant jusqu'à nos oreilles distraites les murmures assourdis des écuyers dans la cour au-dessous de nous. Peu à peu, le ciel se teinta d'or, puis de rose. Les collines bleutées s'assombrirent. La campagne verdoyante se noya d'une brume légère. Les ondes retentissantes du bronze ébranlaient toujours le crépuscule. La nuit tomba enfin. Des valets vinrent clore les panneaux de papier et suspendre de grandes lanternes blanches aux crochets des murailles. De moment en moment, de nouveaux arrivants pénétraient dans la salle maintenant presque pleine.
Ôishi tenait une liste à la main et pointait chaque nom. Ce fut à l'aube grise seulement qu'il fut satisfait et donna un ordre bref. Les grondements du gong s'arrêtèrent. On entendit le roulement sourd des pesantes portes de la forteresse. Les valets vinrent éteindre les lanternes et ouvrir les panneaux, laissant entrer l'air glacé du matin.
À la lumière rosie de l'aurore, les figures énergiques des deux cents guerriers apparurent, attentives, tournées vers nous. Dans le silence palpita le froissement doux de la lettre du Prince qu'Ôishi tirait de sa manche.
Il parla enfin, racontant en termes sobres la querelle de notre Seigneur, sa fureur, son premier ordre de préparer une expédition. Un murmure de satisfaction interrompit un moment l'orateur.
Il reprit, annonçant la décision du *shôgun*, la condamnation et la mort de notre *daimyô*, la saisie ordonnée de tous ses biens et la dispersion du clan. Un gémissement unanime de douleur et de

désespoir furieux ébranla les murailles. Le soleil levant fit étinceler les yeux chargés d'éclairs et les dents grinçantes. Ôishi poursuivit :
« La loi veut que, notre clan étant aboli, nous soyons maintenant des rônins, des "hommes sur les vagues", dégagés de tous nos serments envers la famille d'Enya. Nous voici donc libres de vivre comme il nous plaira, et même de nous choisir un autre seigneur. »
Il fut interrompu par de grands cris :
« Un samouraï ne sert qu'un seul maître !... Nous avons juré de suivre notre Seigneur dans la vie et dans la mort. Notre devoir est de mourir avec lui. »
Ôishi leva la main ; le tumulte s'apaisa. Il dit :
« Notre premier devoir est de venger notre Seigneur et d'exterminer Kira et toute sa famille... »
Le tumulte reprit, plus intense. À ce moment, le vieil Horibe Kanamaru, que ses cheveux gris avaient placé au premier rang, se pencha vers nous et demanda :
« Notre Prince n'a-t-il laissé aucune instruction ? »
Ôishi, alors, leva la lettre et la montra. Le silence s'établit aussitôt. Les plus rapprochés purent lire sur la feuille blanche, à côté de la signature d'Asano, un idéogramme, un seul, tracé en larges coups de pinceau énergiques. Il signifiait «Tu sais».
Le mot voltigea de lèvres en lèvres.
Le samouraï aux cheveux gris parla de nouveau :
« Ôishi-San, notre Prince vous ordonne de nous guider. Que décidez-vous ? »
Le gouverneur se dressa d'un bond et cria :
« Venger notre Seigneur, voilà notre devoir. Ce que je propose, le voici. Nous allons jurer de ne reculer devant aucun danger pour tuer Kira et sa famille. Si nous n'avons pas réussi dans un an, c'est que l'entreprise est impossible. Nous nous réunirons alors devant la porte de la forteresse, ceux du moins qui auront survécu aux combats, et nous nous donnerons la mort, montrant à tous notre fidélité. »
Une grande acclamation retentit. Il continua :
« Je vais préparer un serment écrit avec notre sang. Revenez tous ici demain, à l'heure du Tigre, pour le signer. Pour aujourd'hui, nous allons nous partager le trésor du clan : il ne faut pas qu'il tombe aux mains de nos ennemis. Ceux qui désapprouvent ce plan peuvent parler. »
Un moment se passa dans le silence. Il acheva :
« Puisque vous êtes tous décidés, hâtons-nous d'agir. Le Conseil est levé. »
Sur un ordre, des valets entrèrent, courbés sous des caisses de bois épais qu'ils vinrent déposer devant nous. Ôishi, aidé de son fils Yoshikene, qui avait un an à peine de plus que moi, ouvrit les caisses : elles contenaient des lingots d'argent du poids de dix onces.
Chacun des assistants reçut vingt barres de métal et mentionna sur la liste des guerriers, devant son nom, la somme qui lui était remise. Deux cents *ryô*, à cette époque, constituaient un capital important

qui permettrait aux familles d'Enya de vivre dans l'aisance pendant de nombreuses années.
Mais moi, regardant en silence les guerriers quittant un à un la salle, je songeais avec soupçon et fureur : Pourquoi distribuer de l'argent au lieu de distribuer des armes ? Pourquoi ne pas signer dès aujourd'hui le serment, au lieu d'attendre à demain ? Le temps presse... Mais les hommes qui ne sont plus jeunes font toutes choses avec une étrange lenteur.
Mon impétuosité présomptueuse, insuffisamment domptée en dépit des leçons du sage Hara, ne distinguait pas le stratagème subtil que voilait cette action si simple en apparence. L'océan est plus difficile à sonder que les mares laissées dans la forêt par les dernières pluies.

Yoshikene, fils d'Ôishi Kuranosuke (bois polychrome, musée du temple Sengakuji).

CHAPITRE II

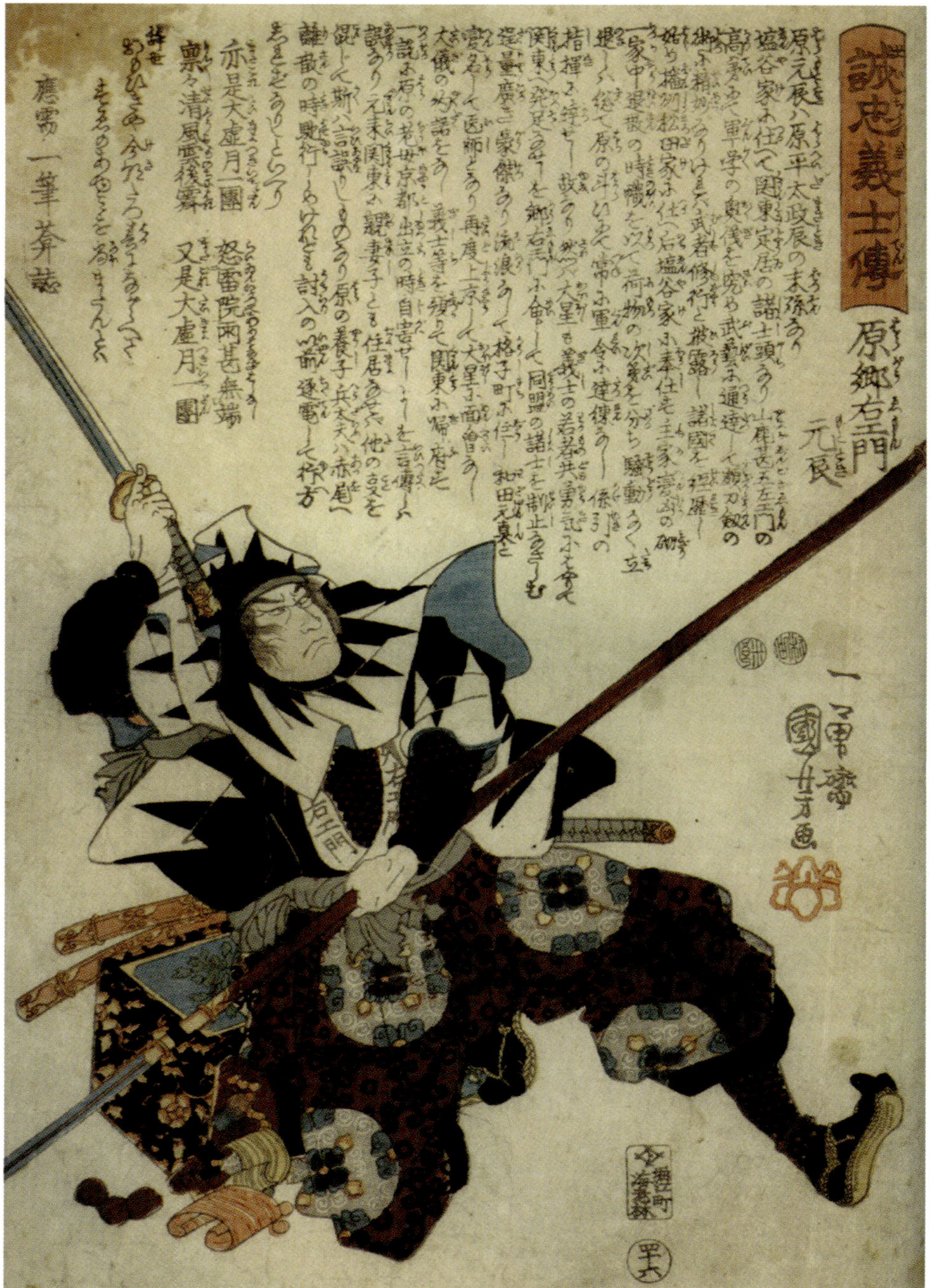

Hara Souemon Mototoki.
Estampe d'Utagawa Kuniyoshi
(1798-1861).

LE LENDEMAIN, quand les guetteurs dans la Tour de Veille sonnèrent l'heure du Tigre, frappant à coups répétés sur le tambour géant, je pénétrai dans la salle du Conseil. Elle était plus qu'à demi-vide. Sur les nattes blanches, soixante-trois samouraïs seulement étaient assis devant Ôishi impassible.

Je me rappelai soudain le proverbe : *Les armes ne sont pas nécessaires à tous. L'or n'est jamais inutile*. C'est avec la pierre de touche que les orfèvres essayent les métaux précieux. C'est avec l'or que l'on essaye les cœurs.

Cependant des grondements de fureur éclatèrent parmi les fidèles :

« Les lâches et les traîtres ! Ils désertent à l'heure du danger ! Ils abandonnent leur Seigneur et leurs frères !... »

Notre chef alors leva la main pour réclamer le silence, et dit :

« Les épreuves que nous allons subir sont telles qu'une âme ordinaire ne saurait les supporter sans défaillir. En reconnaissant eux-mêmes leur faiblesse, ils m'ont évité le plus difficile des choix : c'est bien. Pour vanner le blé, il suffit de le laisser tomber au souffle de la brise. Le bon grain s'entasse d'un côté, la balle et les fétus de l'autre. Il en est ainsi des hommes au souffle de l'adversité. Les braves demeurent inébranlables ; les lâches disparaissent. Ne parlons plus d'eux. J'ai préparé notre serment : il est écrit de mon sang. »

Nos compagnons se levèrent d'un bond, et chacun d'eux, tour à tour, se faisant une légère coupure à l'aide de son poignard acéré, signa de son sang l'engagement de se donner la mort si, dans un an, il n'avait pas exterminé Kira et sa famille.

Ôishi, alors, roula le tragique document et le glissa dans sa manche. Puis il s'inclina gravement, disant :

« Il importe que notre engagement demeure secret, afin que nos ennemis, avertis, ne redoublent pas de vigilance. Recueillez enfin tous les renseignements utiles sur les habitudes de Kira, la disposition de son Yashiki, les sentiments de ses serviteurs ou de ses gardes, et tenez-moi constamment informé.

Une attaque mal préparée, ne l'oubliez pas, laisserait la vie à nos ennemis et causerait notre perte sans profit et sans gloire. La cause de la justice demeurerait invengée.
Il parlait encore, quand la porte de la salle s'ouvrit. Un guerrier entra. Nous portâmes tous aussitôt la main sur la poignée de nos sabres, examinant le nouveau venu. La visière de son casque, orné d'un crabe noir aux pinces menaçantes, était abaissée sur son visage. Un heaume de mailles protégeait son cou. Son armure en lames d'acier retenues par des cordes de soie était couverte de poussière et de boue. Ses pas retentirent, métalliques, dans le silence. Devant le gouverneur, il s'inclina profondément, les mains sur les genoux. Puis il releva sa visière.
« Hara Mototochi ! s'écria Ôishi. Vous avez quitté la ville ! Que se passe-t-il ? »
Sans parler, l'autre déroulait une soierie et découvrait une boîte de laque d'or étroite et longue qu'il présenta, disant :
« Ceci est le poignard avec lequel notre Seigneur s'est donné la mort et qui s'est échappé de sa main crispée par l'agonie. C'est avec lui que nous donnerons le coup de la mort à notre ennemi. Vous, notre chef, daignez le conserver jusqu'à l'heure choisie. »
Le gouverneur, qui s'était prosterné, se releva et reçut le précieux dépôt sur ses deux mains. Hara continua :
« La Princesse s'est déjà retirée dans un monastère. Notre seul devoir est désormais notre vengeance. Qu'avez-vous décidé ? Je précède de quelques heures seulement les envoyés du *shôgun* chargés de saisir les biens d'Enya. Résisterons-nous ?
— Les troupes du *shôgun* sont innombrables. Nous devons nous garder pour tuer Kira.
— Livrer notre forteresse sans combat ?...
— Un brave ne rend pas une position intenable : il l'évacue avant l'arrivée de l'ennemi. Hâtons-nous de partir en emportant les derniers biens de notre Maître. »

Nous nous hâtâmes en effet. Deux heures à peine s'étaient écoulées quand la caravane de nos écuyers, tous chargés, et de nos porteurs pliant sous le faix, sortit de la forteresse et franchit le pont-levis.
Le dernier de tous, Ôishi, en kimono de toile, les manches relevées, pressait ses porteurs balançant deux par deux, au milieu de leurs palanches, de grands coffres ouverts où des vêtements étaient empilés en désordre. Il s'attachait surtout à un coffret de bois épais dont l'aspect et le poids décelaient le contenu : visiblement, un petit nombre de lingots d'argent. Et nous nous disions tous que son trésor était encore moins grand que celui de chacun de nous. Nul ne savait ce que nous apprîmes longtemps plus tard : dans chacun des coffres mal fermés se trouvaient cachés de nombreux lingots d'or dont la valeur atteignait une somme considérable. Une insouciance habile protège souvent mieux qu'une garde attentive.
Courbés sous nos charges, nous montâmes le sentier qui va de la mer vers l'intérieur, par-delà les collines.

Les premiers arrivés au sommet s'arrêtèrent, se retournant pour jeter un dernier regard sur la plaine d'Enya. Le cri qu'ils poussèrent nous fit tourner la tête : d'épais tourbillons noirs percés de flammes rouges voilaient la forteresse. Ôishi ne laissait que des cendres à nos ennemis. Une troupe de cavaliers était arrêtée sur l'esplanade devant l'entrée du château, derrière deux guerriers aux armures brillantes d'or et d'argent. Les envoyés du *shôgun* n'avaient plus rien à saisir. Le clan d'Enya n'était plus.

Dame Enya, devant les cerisiers en fleurs, tente de se distraire alors que le seigneur Asano, en arrière-plan, se prépare pour le Seppuku, *le suicide traditionnel. Estampe d'Ichimosai Yoshitora (1850-1880).*

CHAPITRE III

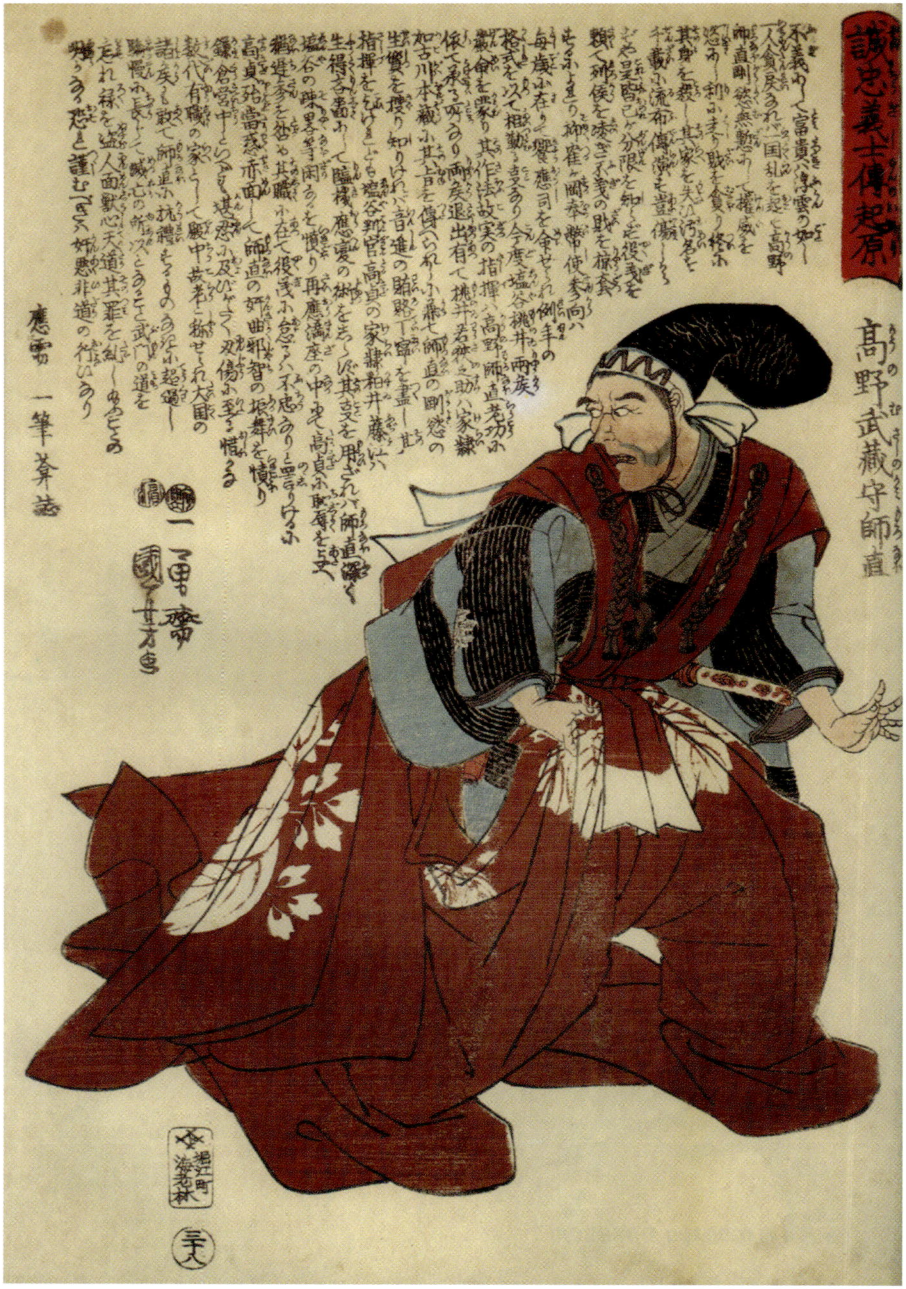

Kira Kozukenosuke Yoshinaka.
Estampe d'Utagawa Kuniyoshi
(1798-1861).

NOUS IGNORIONS tous alors les véritables causes du désastre qui nous frappait, les origines de la querelle où notre Seigneur s'était engagé, les circonstances du drame dans le Yashiki de Kira, les détails mêmes de la mort d'Asano. Longtemps après, interrogeant ceux qui avaient vu, j'appris point par point ce qui s'était passé.

En ce temps-là, l'empereur et sa Cour résidaient à Kyôtô, la « cité capitale », maintenant de leur autorité sacrée la paix et l'ordre dans les îles, mais abandonnant le poids et l'exercice du gouvernement au *shôgun* dont le palais s'élevait dans la ville d'Edo, que l'on appelait aussi Tôkyô, la « capitale de l'Est ».

La coutume en ce temps était que tous les *daimyô* possesseurs d'un fief vinssent faire d'année en année de longs séjours à la cour du *shôgun*, afin d'y recevoir les instructions nécessaires à la bonne administration du pays ; en réalité, pour se concilier la puissance du représentant de l'empereur dans leurs constantes querelles de seigneur à seigneur. Aussi chacun d'eux se bâtissait-il à Tôkyô des palais somptueux, faisant rivaliser la cour du *shôgun* avec celle de l'empereur, comme la lune toutefois rivalise avec le soleil.

Or, le deuxième jour de la troisième lune de la première année de l'ère Kôei, le *shôgun* fut informé de la visite prochaine d'un envoyé impérial, le maréchal Achi Kari, qui revenait d'une inspection dans les îles. Il convenait de le recevoir avec des honneurs spéciaux. Des *daimyô* choisis parmi les plus puissants furent désignés pour recevoir le Maréchal et l'escorter pendant son séjour à Tôkyô. Ainsi furent choisis notre seigneur Asano Takumi-no-Kami Naganori, et le prince de Hori, Kamei Noto-no-Kami ; l'un pour sa grâce et sa bonne mine, l'autre pour la pénétration de son esprit. Le premier devait séduire le cœur de l'Envoyé ; le second, pénétrer ses pensées secrètes.

Asano Naganori était en effet dans toute la fleur épanouie de sa jeunesse radieuse. La splendeur élégante de sa mise provoquait l'admiration constante d'une cour où cependant chacun s'efforçait d'éclipser ses rivaux. Fin lettré, amoureux de toutes les beautés, on l'avait vu demeurer plusieurs heures agenouillé, ravi, devant une branche de pêcher fleurissant sous les dernières neiges du printemps.

Certains de ses poèmes avaient été chantés devant l'Empereur. Sa beauté, enfin, n'avait d'égale que sa droiture. Sa franchise et son enthousiasme généreux pour toutes les vertus.
Kamei, prince de Hori, bien que toujours orné avec recherche, attachait moins d'importance au corps qu'à l'esprit. Ses regards, dont il s'efforçait en vain de voiler la pénétration, semblaient fouiller les cœurs. Il écoutait avec une attention telle, qu'il lui arrivait souvent de percevoir les pensées que son interlocuteur se retenait d'exprimer. Ainsi, sans effort, en peu d'instants, il connaissait les désirs et les craintes cachés des personnes qu'il rencontrait, et pouvait, à son gré, servir ou contrarier leurs desseins.
L'ordre du *shôgun* communiqué aux deux princes leur enjoignait de conférer avec le Ministre des Rites, pour déterminer les cérémonies et les fêtes données en l'honneur de l'Envoyé Sacré ; pour discuter surtout les moyens de connaître d'avance les rapports que le Maréchal transmettrait à son divin Maître, afin de les annihiler ou de les modifier au besoin par d'habiles manœuvres.
Le Ministre des Rites s'appelait Kira. La laideur de son visage reflétait avec exactitude les difformités de son âme. Fils d'un trafiquant dont les navires bien armés pillaient les côtes de l'empire voisin récemment conquis par les Tsring, il avait acquis son grade et son influence non par sa valeur, mais par de continuels prêts d'argent faits à son maître. Dans l'espoir d'acquérir plus de dignité en paraissant plus âgé, il laissait sa face dissymétrique se couvrir de poils gris et raides comme ceux du blaireau. Des sourcils hideusement broussailleux rendaient plus creux ses petits yeux qui louchaient. Les trois feuilles d'érable de ses armoiries récentes s'étalaient, géantes, sur de tristes robes noires. L'on disait enfin, ô honte ! Qu'il n'avait jamais contemplé l'acier bleui de ses sabres et qu'il ignorait de quelle main se saisit le court poignard avec lequel tout samouraï, dès l'enfance, apprend minutieusement les gestes du *seppuku*, le point exact de son corps où faire pénétrer l'arme, et le large mouvement qui ouvrira les entrailles.
Asano, recevant l'ordre du *shôgun*, se trouva d'abord fort embarrassé ; son vieux et sage conseiller, Ôishi Kuranosuke, venait précisément de le quitter en hâte pour armer et mettre en état la forteresse d'Enya, située au bord de la mer, et menacée par une flotte d'étrangers aux cheveux rouges, signalée dans ces parages. Le Prince lui-même allait demander une audience de congé, quand le destin l'avait désigné.
Comment agir ? Il résolut de s'en fier à l'avis du prince de Hori, qu'il alla consulter sur ce point.
Kamei, prudent, lui dit qu'il avait déjà préparé les présents d'usage. La règle est qu'un courtisan habile ne doit jamais prononcer de paroles défavorables qui puissent être répétées par imprudence. Il n'ajouta donc pas que, Kira étant avide et méprisant les arts, il importait que les cadeaux fussent considérables et composés principalement de métal massif. Il fut encore retenu par la nature généreuse et noble de son visiteur, qui se serait aussitôt indigné. Néanmoins il essaya de traduire ses pensées à plusieurs reprises par certains regards détournés, certaines inflexions de voix prudentes. Il ne fut pas compris.

Les présents dont Asano accompagna sa demande d'audience furent donc faits de soieries et de peintures rares. Ceux de Kamei consistaient en lingots d'or enveloppés d'une broderie vulgaire.
Quand les deux princes se présentèrent ensemble au palais du Ministre, somptueux dans leurs épaisses robes de cour si longues qu'il faut les fouler soi-même sous le pied, et qui traînent encore à deux mètres derrière, les manières de Kira ne laissèrent aucun doute sur les satisfactions différentes avec lesquelles les deux envois avaient été agréés. À l'un des visiteurs, il réserva toute son obséquiosité servile ; à l'autre, son insolence grossière. Les âmes viles connaissent uniquement ces deux attitudes.
Le prince d'Enya, stupéfait d'un pareil accueil et ne sachant à quelle cause l'attribuer, retint son indignation et suivit en silence son hôte et le prince de Hiro qui causaient gaiement. Ils s'assirent tous trois, agenouillés sur les nattes fines, étalant noblement les plis raides de leurs larges vêtements.
Le Ministre alors, en quelques mots, fixa les intentions du *shôgun* à l'égard de l'Envoyé impérial et demanda aux visiteurs ce qu'ils pouvaient suggérer pour les fêtes et cérémonies de réception. Toutes les propositions de notre Seigneur étaient reçues avec un silence méprisant ; celles de Kamei, avec un sourire approbateur.
L'on en vint enfin à répéter minutieusement les cérémonies qui devaient avoir lieu au palais au jour de la première réception. Un secrétaire de Kira jouait le rôle de l'Envoyé. Les deux princes, descendant vers la partie basse de l'immense salle, s'inclinaient prosternés, puis se relevaient, selon les indications du Ministre.
Asano et Kamei, habitués dès l'enfance aux rites de la Cour, accomplirent sans une faute leur rôle compliqué. Cependant chaque geste, chaque mouvement d'Asano était l'objet d'une critique ou d'un sarcasme de Kira, encouragé d'abord dans son insolence par le silence étonné du jeune prince.
Mais, en pareil cas, la surprise fait vite place à la colère. Kamei lisait avec inquiétude, dans les regards de notre *daimyô*, la montée flamboyante de sa juste fureur. Or il n'est jamais favorable d'être mêlé, fût-ce par une muette présence, aux discussions et aux querelles d'autrui. Le prince de Hori, sachant sa faveur assurée, interrompit les dernières cérémonies et, se prosternant, demanda l'autorisation de quitter le palais, pour mieux étudier, dit-il, certains points du rituel. Le Ministre, souriant, le laissa partir. Mais, comme Asano Naganori se prosternait à son tour, il l'arrêta, disant d'un ton sarcastique :
« Il serait contraire à mon devoir de vous laisser partir sans être assuré que vous êtes en état de remplir votre mission. Mon secrétaire va vous donner une leçon de rites. »
L'insulte, venant après une série d'outrages à peine dissimulés, frappa le prince comme un coup de fouet. Il se redressa, dégaina son sabre et s'avança, criant :
« En garde ! Indigne conseiller ! Défendez-vous si vous ne voulez pas être tué comme une bête malfaisante ! »
Kira, épouvanté, s'était levé d'un seul mouvement. Mais, loin de tirer son arme, il tourna le dos et s'enfuit, appelant à l'aide. Le Prince le poursuivit, prêt à frapper. L'autre, aiguillonné par la terreur,

allait franchir la porte de la salle, quand Asano, qui l'avait presque rejoint, porta un coup de taille qui aurait fendu le crâne du Ministre, si la lame, chef-d'œuvre d'un armurier renommé, n'avait rencontré et tranché le chambranle de la porte. Le coup ne fit qu'une blessure peu profonde, étant encore amorti par un fleuron d'acier incrusté d'or que Kira portait en ornement, et que ses descendants montrent encore, à demi tranché, parmi leurs trésors de famille.

À ce moment, le secrétaire du Ministre, volant au secours de son maître, marcha sur les robes traînantes de l'agresseur et le fit tomber. Le fuyard était hors d'atteinte.

Asano se retourna, appuyé sur un coude, et, d'un revers de son arme, fit sauter la tête du secrétaire. Puis, le sabre à la main, il se dirigea vers la sortie. L'alarme avait été donnée, mais notre *daimyô* put rejoindre son escorte ; nul n'osa l'arrêter.

L'histoire a conservé le nom du secrétaire qui, n'écoutant que son courage, s'efforça d'entraver la juste colère d'un brave, et sauva son maître au prix de sa vie. Il se nommait Kajikawa Gosobe. Sa famille reçut de Kira une pension, mais, dit-on, pendant une année seulement.

CHAPITRE IV

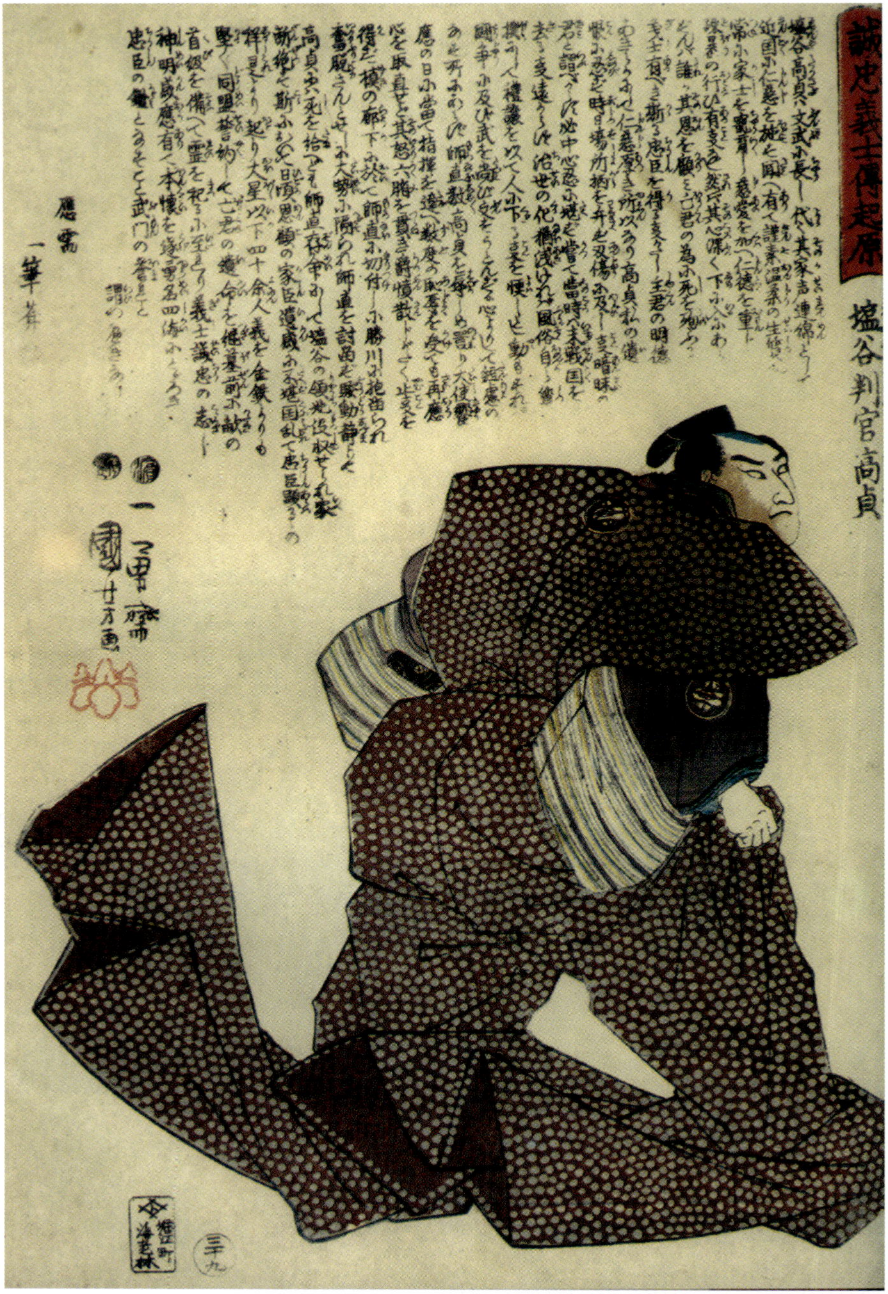

Asano Takuminokami Naganori.
Estampe d'Utagawa Kuniyoshi
(1798-1861).

PENDANT que notre Prince sortait du palais, Kira, la tête enveloppée de linges ensanglantés, s'asseyait dans son *norimono* de laque noire et, tenant un coffret empli de barres d'or, se faisait transporter en hâte au palais du *shôgun*. Il voulait que sa plainte contre le Prince fût présentée la première et que des offrandes de grand poids lui obtinssent une audience immédiate. Or, en ce temps-là, une loi formelle punissait de mort tous ceux qui osaient répandre le sang dans l'enceinte de la ville. Mais chacun sait qu'avant d'appliquer une loi, il importe de considérer tout d'abord la nature des offenses. Le *shôgun*, prévenu par la maison d'Enya, aurait pu décider que l'agression du Prince ne méritait rien d'autre qu'une amende légère.

Asano, cependant, de retour dans son palais, ne pouvait apaiser sa fureur. Sans une pensée pour le danger qui le menaçait, il écrivait ordre sur ordre, expédiant des messagers, faisant préparer ses armures et ses chevaux. Un des chefs de sa garde partait en toute hâte avec un message pour Ôishi Kuranosuke qui commandait la forteresse d'Enya. Une troupe devait se mettre aussitôt en route de là pour s'emparer de la ville d'Arima, qui appartenait à Kira. Asano, dans sa fureur, songeait à conquérir tous les fiefs de son ennemi.

À ce moment, les gardes annoncèrent la venue d'un *ometsuko*, membre de la Cour des Censeurs, nommé Okada Denpachirô, porteur d'un ordre du *shôgun*. Surpris, le Prince, qui n'avait pas encore retiré ses robes de cérémonie, alla recevoir son visiteur.

L'*ometsuko*, selon les rites, l'invita à se prosterner pour écouter l'ordre du Seigneur des seigneurs. Puis il déroula l'étoffe grise du décret et lut la sentence. Le prince d'Enya était condamné à se donner la mort. Sa forteresse et ses terres étaient confisquées. Sa personne demeurerait sous la garde du magistrat jusqu'à l'arrivée du *daimyô* Tamura Ukio-no-daifu, à qui était confié l'honneur de lui servir de second pour le *seppuku*.

Un samouraï ne voit dans la mort qu'une occasion de déployer sa bravoure. Le Prince, ayant salué gravement, pria le haut magistrat de l'excuser s'il occupait ses derniers instants de vie à régler ses affaires de famille, au lieu de lui tenir compagnie. Puis il appela un intendant et lui dicta ses instructions.

La fatale nouvelle s'était cependant répandue dans le palais. L'on entendait de toutes parts s'élever les gémissements des femmes et les voix grondantes des hommes.

À ce moment, le panneau d'une porte intérieure glissa, poussé par une suivante, et notre Princesse, pressant sa manche sur ses yeux, pénétra dans la pièce. L'Ometsuko se prosterna aussitôt ; puis, se relevant, il alla au fond de la salle, tournant le dos à ses hôtes, et regardant avec attention un vase ancien qui ornait le *tokonoma*.

S'il est malséant, pour une personne honorable, de porter des regards curieux sur les relations entre épouse et époux, il est encore plus malséant d'en parler. Qu'il suffise de savoir qu'une femme de haute éducation peut, par sa seule attitude, rehausser encore le courage d'un homme. La force d'âme est la première des vertus humaines.

Les instants passèrent, tombant goutte à goutte dans l'éternité. Dans le « silence de linceul » qui enveloppait maintenant le palais, l'on entendit le pas rythmé et les appels de porteurs, avec des cliquetis d'armes. Un garde entra et parla à voix basse au Censeur. Celui-ci alors se retourna et, se prosternant devant le *daimyô*, il dit, demeurant sur les genoux et sur les mains :

« L'heure est venue. Le prince Tamura vous attend en son palais. »

L'officier commandant notre garde, était alors mon sage maître, Hara Mototochi. Il était entré depuis quelques instants, tenant sur une étoffe de soie une boîte de laque d'or, étroite et longue, qu'il présenta au Prince. Celui-ci l'ouvrit et y prit un court poignard dont la gaine et la poignée, très simples, avaient pour seuls ornements le *mon*, les armoiries de notre clan. Ce poignard est maintenant dans le trésor du Sengakuji.

Notre Prince alors tira la gaine un instant pour donner à ses yeux le spectacle caressant d'un acier de rare perfection, héritage d'un aïeul lointain. Puis il passa l'arme à sa ceinture et, s'inclinant devant l'*ometsuko*, souriant, il sortit de la salle et prit place dans le *norimono* qui l'attendait. Les porteurs, d'un mouvement souple, le soulevèrent. En un instant, le cortège était arrivé, s'arrêtant devant la salle d'honneur.

Tamura, en larges et opulentes robes de cour, entouré de tous ses gardes couverts de leurs plus riches armures, attendait les visiteurs près de l'entrée, agenouillé, appuyé sur ses mains et front baissé. Ils entrèrent et se prosternèrent à leur tour, rendant salutation pour salutation, se redressant et se prosternant encore. L'hôte, enfin, se releva et conduisit ses visiteurs vers le fond de la salle, à l'endroit le plus honorable, où une natte souple, blanche et fine comme un linge, était étendue sur une épaisse étoffe huilée.

Sans un mot, Hara Mototochi, qui avait accompagné notre Seigneur, le débarrassa de sa lourde robe lamée d'or et d'argent, aux plis raides. Puis il l'aida à changer ses vêtements intérieurs contre une simple robe de toile blanche, un *kamichimo*, la dernière toilette était faite.

Le Prince s'assit sur la natte, les jambes repliées, son poignard dans la gaine posée devant lui sur une feuille de papier souple. Il était prêt. Tamura avait attaché déjà sur ses épaules, à l'aide d'un cordon de soie, les larges manches de sa robe et, dégainant son long et pesant sabre, s'était placé derrière le condamné.

Alors Asano enveloppa de papier la poignée de son arme pour la protéger contre la moiteur de ses mains, et retira lentement la gaine. Manifester quelque hâte en ces moments solennels serait inconvenant. Il écarta sa robe, tâta un instant de la pointe vers la gauche pour trouver l'endroit rituel, et enfonça l'arme avec calme, l'œil fixe. La coutume veut que le mouvement pour fendre vers la droite soit fait rapidement et comme lancé, car la douleur horrible pourrait provoquer l'inconscience avant que la déchirure soit achevée. Tamura guettait, le sabre levé. Il vit le coude droit d'Asano se relever rapidement et son corps osciller. Aussitôt, d'un trait, il abattit son arme. La tête de notre Prince roula sur le sol.

Hara Mototochi releva et essuya soigneusement le poignard échappé de la main du mort. Puis, aidé des gardes, il enroula le corps de notre *daimyô* dans la natte protégée par l'étoffe huilée, et plaça respectueusement la funèbre dépouille dans le *norimono*. Tamura et l'*ometsuko*, avec honneur, accompagnèrent le défunt jusqu'au-delà du seuil.

Notre Princesse, dans la grande salle de son *yashiki*, attendait, les cheveux dénoués, vêtue de la robe blanche des veuves, entourée de prêtres et de toute la famille en deuil. Leur cortège se forma derrière le *norimono* et continua son chemin, aux éclats déchirants des gongs, parmi les chants des religieux et les lamentations de l'escorte, jusqu'au parc du monastère où s'accomplirent les derniers rites des funérailles.

C'est ainsi que mourut injustement notre Seigneur, et que le désastre frappa le clan d'Enya.

Ôishi Kuranosuke.
Statuette en bois polychrome,
musée du temple Sengakuji.

CHAPITRE V

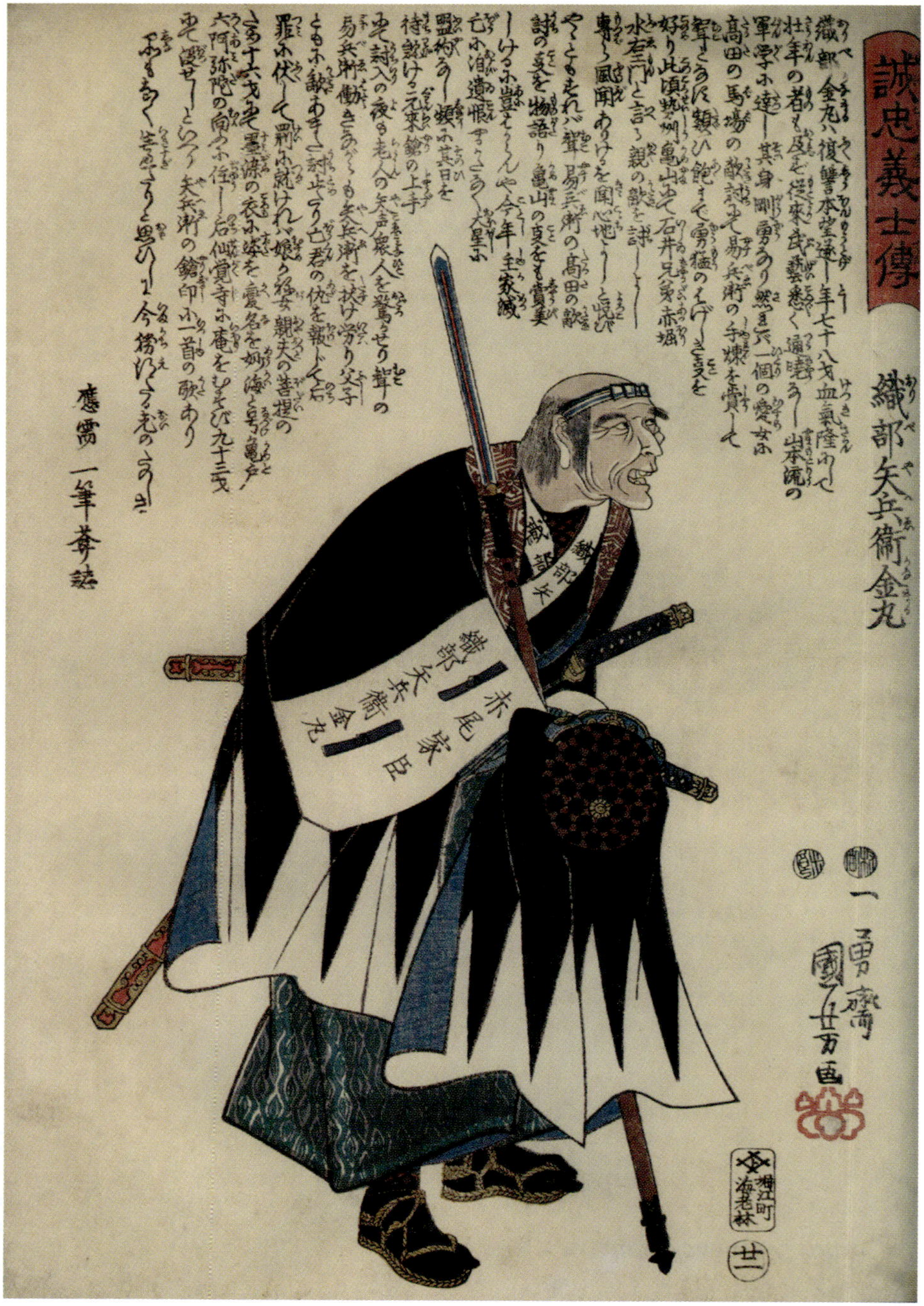

Horibe Yahei Kanamaru.
Estampe d'Utagawa Kuniyoshi
(1798-1861).

DEBOUT sur la colline, silencieux, nous regardions l'incendie de la forteresse d'Enya et la déconvenue des envoyés du *shôgun*. Ôishi, qui nous avait rejoints, nous dit :
« Il est possible que notre ennemi n'ait pas encore eu le temps de préparer sa défense. En l'attaquant à l'improviste, nous aurons l'avantage de la surprise et peut-être celui du nombre. Hâtons-nous donc d'aller à Tôkyô. Quatre d'entre nous partiront en avant, voyageant sans arrêt, et prendront sur le palais de Kira et ses défenses tous les renseignements qu'ils pourront se procurer. De leur habileté dépendra le succès de notre attaque. »

Réfléchissant un moment, il nous regarda l'un après l'autre et désigna enfin les quatre éclaireurs. Nous brûlions tous d'être nommés. Son choix nous remplit de stupeur. Le premier, en effet, était Horibe Kanamaru, qui avait dépassé soixante-quinze ans. Comment un homme de cet âge pourrait-il remplir une mission faite autant de fatigues que de dangers ? Déjà, quand il avait signé le serment, nous nous étions regardés les uns les autres avec un sourire dans les yeux.

Le second nom nous surprit encore davantage. Akaigaki Masakata était jeune et vigoureux : il avait à peine vingt-cinq ans. Mais il avait toujours sur lui un large flacon de saké qu'il vidait plusieurs fois par jour. Sa renommée de buveur était telle, que, de son nom Akaigaki, qui veut dire « Palissade écarlate », l'on avait fait Akaihana, qui signifie « Nez rubicond ». Il en souriait, flatté. Dans son ivresse perpétuelle, que pourrait-il faire ?

Quant aux deux autres, ils n'avaient, dans leur courage et leur sagesse, rien d'extraordinaire qui justifiât un tel honneur.

Les quatre meilleurs chevaux de notre troupe furent donnés aux éclaireurs. Ceux-ci, d'un bond sautèrent en selle. Nous commençâmes alors de comprendre la sagesse de notre chef. Nos quatre compagnons étaient des cavaliers exceptionnels qui sauraient obtenir de leurs montures toute la vitesse dont elles étaient capables pour accomplir sans défaillance la longue et difficile chevauchée jusqu'à la capitale.

Nous partîmes derrière eux, affectant d'être un groupe de pèlerins se rendant au temple de Shinbibashi, qui était situé non loin du *yashiki* de nos ennemis. Retardés par nos bagages et nos familles, nous fûmes obligés de coucher quatre fois en chemin avant d'atteindre enfin notre destination.

Sous le portique du monastère, Akaigaki, qui avait dû rouler dans un fossé, car il avait la figure et le corps maculés de boue, nous attendait, assis à terre, et vidant, au grand scandale des gardiens, son éternel flacon. Il nous regarda passer sans un signe, incapable sans doute de nous reconnaître. Cependant, en apercevant Ôishi, il se leva lourdement et voulut entrer avec lui dans le temple. Mais il chancelait tellement, que notre chef dut étendre la main pour l'empêcher de tomber. Et nous, indignés de sa conduite, nous rougissions d'entendre derrière nous les rires des portiers. Akaigaki, cependant, abandonnant presque aussitôt le bras qui le soutenait, heurta de l'épaule l'une des colonnes du portique, s'y cramponna, et nous laissa continuer notre chemin.

Plus loin, un vieux mendiant tout voûté, les cheveux blancs embroussaillés, vint nous demander l'aumône. À part notre compagnon et ce mendiant, le monastère était désert. Nous allâmes alors nous prosterner dans le temple, accomplissant les rites habituels des pèlerins.

Pendant que nous psalmodions nos prières, il me parut à plusieurs reprises qu'un de nous prononçait des syllabes différentes du texte rituel. Je reconnus la voix de notre chef, et mon attention s'éveilla enfin. Il chantait :

« Il se garde. Notre plan est connu. Dispersons-nous. On nous espionne. »

Ayant répété trois fois cet avertissement, il se prosterna et se releva enfin, nous saluant et prenant congé de nous comme si nous étions en réalité de simples compagnons de voyage.

Ma stupeur était sans bornes. Pourquoi nous commandait-il d'abandonner tout espoir ? Comment savait-il que Kira était gardé au point que soixante-trois braves ne pussent envahir son *yashiki* ? Akaigaki lui avait-il parlé ? Mais pouvait-on se fier à pareil buveur ? Ne fallait-il pas attendre le rapport de nos trois autres éclaireurs ?

Cependant Ôishi s'inclinait devant moi, disant :

« Si votre chemin vous mène à Kyôtô, ne manquez pas de venir me voir. Je serais heureux d'apprendre que vos vœux ont été exaucés. Ma demeure est dans le quartier de Chimbara. »

Et là-dessus il nous quitta, pressant ses porteurs, comptant ses caisses mal fermées et surveillant sa caissette pleine de lingots.

Nous restâmes quelque temps stupéfaits, ne pouvant croire que nos projets avaient été divulgués, et que Kira était réellement sur ses gardes ; ne pouvant surtout comprendre comment notre chef en avait été informé. Nous n'osions cependant nous communiquer nos pensées, puisque des espions nous surveillaient. D'ailleurs, l'ordre était formel : il fallait nous disperser.

Une même pensée nous fit agir, Hara Mototochi et moi. Avant de rejoindre notre poste de garde auprès du tombeau, nous allâmes errer autour du *yashiki* de Kira. Un coup d'œil nous suffit pour reconnaître la folie d'une attaque : un corps de troupes du *shôgun* campait sur la place devant la grande porte d'entrée.

Quand, le soir, au monastère de Sengakuji, nous fûmes installés dans le pavillon réservé aux gardes du tombeau, je ne pus m'empêcher d'aller visiter Hara Mototochi et de lui communiquer mes sentiments. Il m'écouta, la figure étonnée, et me dit enfin :

« N'avez-vous donc pas reconnu, dans le vieux mendiant du temple de Shinbibashi, notre camarade Horibe Kanamaru ? »

Une lueur éclaira mon esprit, je m'écriai :

« Je comprends... Et Akaigaki était sans doute parfaitement sobre... Mais les deux autres ?

— Vous étiez peut-être éloigné et n'avez pas remarqué que deux des porteurs d'Ôishi se sont querellés avec lui, peu avant d'arriver au temple.

— Je l'ai vu. Mais quand une caravane passe dans une grande ville, il est rare que des porteurs ne l'abandonnent pas, tentés par la vue des nombreux cabarets. On les remplace aussitôt et l'on continue, ainsi d'ailleurs que nous l'avons fait.

— Il s'est trouvé seulement qu'Ôishi lui-même avait provoqué habilement la querelle, et que ses deux nouveaux porteurs étaient nos deux compagnons. »

Et comme je demeurai surpris, la bouche ouverte, il ajouta :

« Quand un chef a fait prendre des renseignements secrets, il les reçoit en secret. Nul ne doit savoir qu'il est informé. Votre étonnement me fait espérer que nos ennemis, eux aussi, ont été trompés. »

Je baissai la tête, rougissant de honte à la pensée de la grave erreur que j'aurais commise si j'avais été choisi.

CHAPITRE VI

Estampe d'Ichimosai Yoshitora (1850-1880).

LES JOURS s'écoulèrent. Aucune instruction ne nous était transmise par Ôishi. Le matin, dès que j'ouvrais les yeux, je courais demander à mon chef s'il avait reçu dans la nuit quelque message.

Et cent fois durant la journée, j'allais sur la terrasse du temple, en un point d'où l'on pouvait voir tout le sentier montant de la route au monastère. La pensée que l'agresseur de notre *daimyô*, le lâche et injuste Kira, était encore en vie me jetait à tout instant en des colères qui faisaient trembler tout mon corps. Nous eûmes cependant une satisfaction temporaire : tous les nobles de la Cour, indignés de l'attitude du Ministre, lui marquaient une telle froideur que le *shôgun*, l'attention éveillée, se jugea forcé d'agir. Il condamna notre ennemi à trois mois de destitution de sa charge, et à la privation de ses appointements pendant un an. Pour cet avaricieux, la peine était douloureuse.

Les inlassables révolutions du soleil ramenèrent deux fois l'éclat de la pleine lune. Dans mon impatience, enfin, je déclarai au sage Hara Mototochi que je ne pouvais plus supporter cette attente : je voulais savoir si notre vengeance mûrissait. Il me demanda simplement :

« Que comptes-tu faire ? Interroger Ôishi ? Tu sais bien qu'il nous communiquera ses plans à l'heure choisie par lui. Il ne parlera pas une seconde plus tôt. Et quand il aura besoin de nos armes, nous le saurons, sois tranquille.

— Cependant, que font nos compagnons ? Nous sommes retenus ici par notre charge. Mais les autres, surveillent-ils bien notre ennemi ? »

Hara réfléchit un instant, puis il dit :

« Je vois que ta jeunesse bouillante ne peut supporter plus longtemps cette attente qui se prolonge. Moi-même, ai-je besoin de le dire ? Je redoute que, dans l'ignorance où nous sommes tous deux maintenus, nous ne laissions peut-être passer une occasion. »

Triomphant, je l'interrompis :

« Vous le reconnaissez vous-même, Hara-San ! Nous sommes à l'affût, comme des chasseurs. Mais nul ne nous a placés de manière à ne pas laisser échapper le gibier. Nous ne savons pas d'où celui-ci doit déboucher. Nous ignorons si, ne pouvant le tuer nous-mêmes, nous devons le pousser à droite ou à gauche. Cela n'est-il pas une grande faute de stratégie ? »

Il hocha la tête avec lassitude :

« J'avoue ne pas comprendre. Mais cela ne me suffit point pour blâmer. La faute en est peut-être à ma nescience. Il convient de condamner seulement ce que l'on reconnaît à coup sûr pour être mauvais. Qui sait si tout cela ne cache pas un plan secret, ou n'est pas la conséquence d'informations que notre chef possède seul ?

— Ne serait-il pas sage de nous en assurer? Et comment le faire ? »

Il réfléchit un instant, puis dit à voix basse, presque à mon oreille :

« Ma figure est connue. Ma situation ici est trop en vue pour que je puisse la quitter de mon propre gré, sans qu'aussitôt Kira en soit informé et me fasse surveiller. Mais toi, tu peux partir, et ton départ semblera même naturel s'il apparaît à tous comme contraire à tes désirs. Aujourd'hui donc, je te ferai des reproches violents sur ta conduite. Tu me répondras avec insolence, et je te chasserai de notre garde d'honneur.

— Mais, protestai-je... ma mémoire n'en sera-t-elle pas entachée ?

— J'ai tout pesé en mon esprit : il n'est pas d'autre moyen. Crois-tu donc que je n'aie pas remarqué tes attitudes et tes actes ? J'attendais plus tôt encore que tu me demandes de partir, et j'avais longuement réfléchi. »

Comme j'hésitais encore, il ajouta :

« La mémoire d'un samouraï est entachée gravement si l'on peut dire de lui qu'il a reculé, pour accomplir son devoir, devant une action utile, quelle qu'elle fût. Quand son devoir est clair devant lui, rien ne compte plus : ni amour-propre, ni famille, ni souci de soi-même. Telle est la règle, telle est la voie pour ceux qui veulent guider le troupeau humain vers des destinées de plus en plus heureuses, hors des marécages infâmes de l'injustice, de l'oppression et de la haine. »

Illuminé par ces paroles, je me prosternai et demandai :

« Je vous prie de me donner des instructions sur ce que je devrai faire, une fois chassé du monastère. »

Il me jeta un regard satisfait et dit :

« Avec une partie des *ryô* d'argent que tu possèdes, tu achèteras un ballot de marchandises variées, au fond duquel tu cacheras tes armes. Déguisé en colporteur, tu pourras circuler sans cesse et pénétrer dans toutes les maisons. À toi de profiter des occasions ou même d'en faire naître. Tu pourras revenir ici sans que cela provoque de remarques. Reviens donc souvent me rendre compte de ce que tu auras appris. »

Je le saluai encore et me retirai, remerciant le destin qui, m'ayant donné de connaître un sage, me permettait ainsi d'acquérir la sagesse, car l'intelligence se développe au contact de l'intelligence comme, pour le corps, la chaleur pénètre aisément qui se tient auprès d'un brasier.

Dès le jour même, selon ce qui était prévu, notre chef ordonna une inspection de la troupe d'honneur.

Il m'adressa une vive réprimande, à moi son second, pour le détestable exemple que ma tenue négligée donnait à mes hommes. Au lieu de m'incliner silencieusement, comme j'aurais dû le faire, je relevai fièrement la tête et lui demandai si le but de cette réprimande injuste était de me chasser de la garde, aucun noble ne pouvant admettre d'injustice. Il me répondit durement que mon indiscipline était encore plus dangereuse que ma négligence, et que je devais partir sur l'heure.
M'efforçant de contracter avec colère ma face, en réalité rouge de honte d'être ainsi traité devant nos hommes étonnés, je le saluai aussitôt comme les rites l'ordonnent, et me retirai dans ma chambre. Une heure après, j'avais quitté le monastère, emportant seulement dans ma ceinture dix *ryô* qui devaient me servir de capital pour mon commerce de colporteur.
Je pris bien soin d'acheter une partie de mes marchandises dans le village tout proche de Takainawa, racontant avec fureur mon renvoi de la garde et ma détermination d'abandonner le clan d'Enya, ainsi que l'ingrat métier de samouraï.
Les marchands, toujours un peu jaloux de nous, me félicitèrent de ma décision, me vantant les joies de la fortune et de la liberté. Ils m'aidèrent à former mon ballot, et me donnèrent en riant la règle bien simple de leur profession : pour acheter, payer le plus bas prix en déclarant que la marchandise est inférieure de qualité, abîmée, et n'est pas à la mode. Pour vendre, calculer un gros profit et crier que l'objet est de première qualité, et précisément ce qui est le plus demandé à la Cour et à la capitale. Une petite réduction consentie à la dernière minute, presque en secret, assure toujours la vente.

CHAPITRE VII

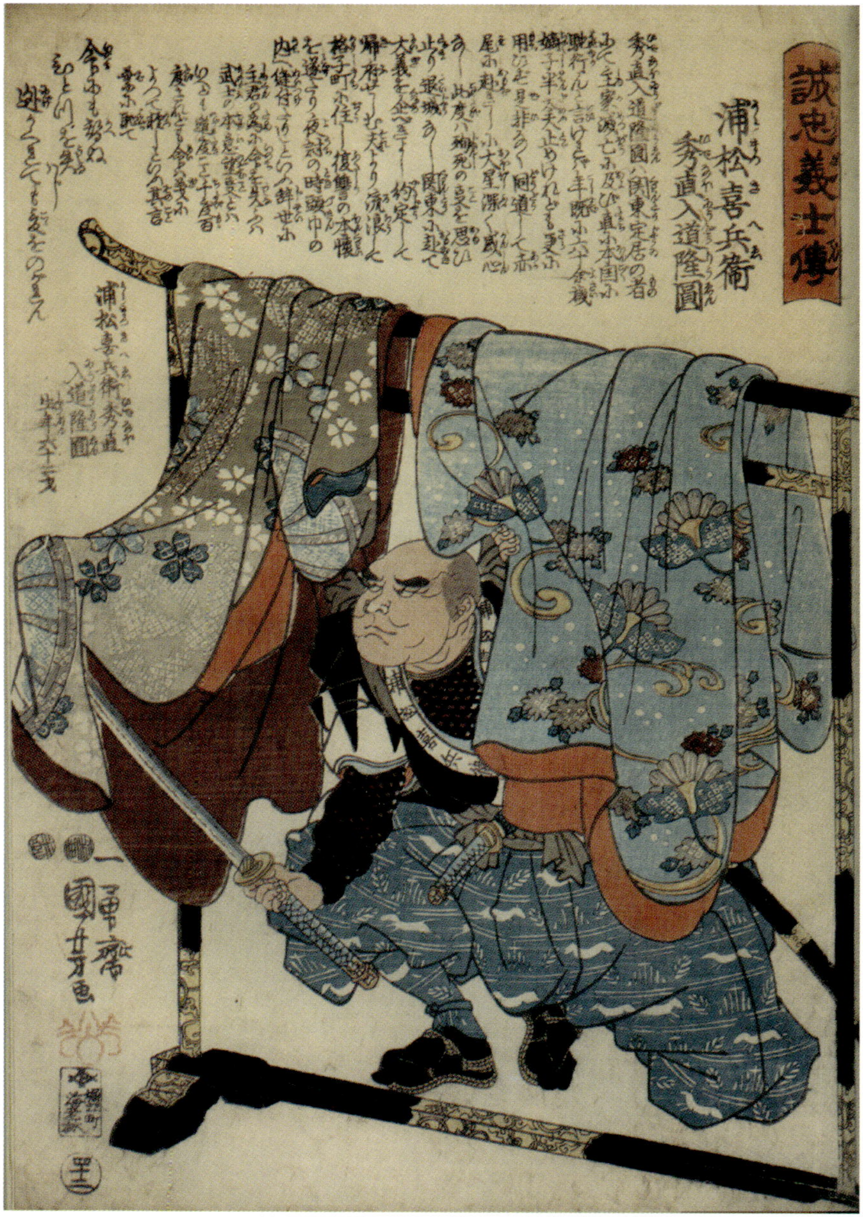

Muramatsu Kihei Hidenao.
Estampe d'Utagawa Kuniyoshi
(1798-1861).

Me voilà donc, moi, Terasaka Kichiemon, à peine âgé de seize ans, cheminant sur la grande voie du Tôkaidô, chargé d'un lourd ballot de marchandises diverses. Ce jour-là, le ciel bleu, la verdure, les maisons basses bordant le chemin dallé, tout était inondé de soleil. Les voyageurs que je croisais riaient et bavardaient. Mais moi, je me hâtais, et soudain je m'aperçus que j'ignorais encore le but de cette marche précipitée.

Découragé, je ralentis le pas, songeant. Questionner Ôishi était vain : il ne me prendrait certes pas pour confident. Interroger nos compagnons ? Mais où les retrouver dans le monde sans limites ? Et me confieraient-ils, eux aussi, leurs desseins ?

Un appel m'arrêta. Je me trouvais déjà dans l'élégant quartier de Chiba. Sur le seuil d'une belle maison, une jeune suivante me criait :

« Ohé ! Colporteur, es-tu sourd ? »

Me rappelant alors le rôle que j'avais adopté, je m'inclinai respectueusement, en souriant.

« À la bonne heure, dit-elle en répondant à mon salut. J'avais peur de n'être pas entendue. Avez-vous des cotonnades nouvelles ? »

Les leçons des marchands m'inspirèrent : je fis ma première vente avec un bon bénéfice. Je m'aperçus en même temps que les acheteuses aiment à bavarder, et qu'elles attendent du colporteur non seulement des marchandises, mais encore des nouvelles en échange de celles qu'elles donnent. Je compris la sagesse de mon maître.

De porte en porte, j'eus bientôt vendu toutes mes étoffes et la plupart de mes petits objets. Mon capital avait grandi. Il fallait songer à reconstituer mon ballot. Mais les différents magasins où je m'adressais ne voulaient pas me vendre à bas prix. Ils me renvoyaient de l'un à l'autre. L'un d'eux me conseilla enfin d'aller en face du palais de Kira, dans la boutique d'un marchand d'étoffes qui venait de s'installer. Il y avait seulement deux ou trois rues à traverser.

Je trouvai vite le magasin dont la façade était tout fraîchement peinte. Un jeune homme me reçut dès le seuil avec cent sourires. Mais, quand je lui eus fait part de mes désirs, il devint sérieux et me dit :
« Ceci n'est pas une affaire ordinaire. Daignez entrer dans la pièce du fond : vous y trouverez le maître de la maison. »
Et il me quitta pour s'élancer vers un client qui entrait. J'allai donc au fond soulever la tenture et pénétrai dans la pièce, m'inclinant selon les rites. Une exclamation me fit lever les yeux : devant moi était l'un des conjurés d'Enya, Kurabayashi Takeyuki !
La prudence m'était venue. Tout en jetant de temps en temps à voix haute une remarque indignée sur la rapacité de mon hôte, je l'interrogeai à voix basse. Il me raconta qu'un parent, qui avait un grand magasin, l'avait engagé à s'établir dans ce quartier en l'aidant de toutes les manières. Les gens vivant dans le palais du Ministre des Rites se fournissaient chez lui, sans s'inquiéter de ses origines. Par eux il avait appris que Kira, tout d'abord terrifié, redoutait certes encore une attaque des samouraïs d'Enya, mais osait déjà sortir de son palais, non toutefois sans être fortement escorté.
Quand je lui parlai de notre chef, son visage me parut s'assombrir. Il me répondit simplement :
« On ne sait rien de précis... Ici, dans la capitale, se trouvent deux de nos compagnons : Muramatsu Hidenao, devenu médecin dans un quartier du nord et qui a, dit-on, la clientèle de la Cour ; et Kanzari Yagoro, qui dirige un chantier de bois non loin d'ici, dans le Minami-bashi. Allez donc les voir. Ils seront heureux de causer avec vous. »
Il s'interrompit brusquement, disant à haute voix :
« Eh bien ! C'est entendu. Je vous cède sur le prix. Mais vous ne vous fournirez pas ailleurs, n'est-ce pas ? »
La portière se souleva et le commis, passant la tête, dit en souriant :
« Une dame vous demande... C'est Hei-San. »
Kurabayashi se leva avec une hâte qui m'étonna et, s'excusant à peine, se précipita dans le magasin. Le commis me fit un clignement d'œil moqueur.
J'entrai à mon tour dans le magasin. Mon camarade était là, multipliant les sourires, adressant mille paroles de miel à sa visiteuse, jeune fille fraîche et gracieuse aux robes fleuries de teintes discrètes.
J'interrogeai du regard le commis qui mesurait mes étoffes. Il murmura :
« C'est une des premières suivantes du palais voisin. »
Mon cœur s'arrêta. Ainsi ce samouraï d'Enya faisait des grâces aux gens de Kira ? Espérait-il être pris dans la garde de notre ennemi ? Ou bien, plutôt, l'amour l'entraînait-il à l'oubli de son devoir ?
Je payai mon achat et, laissant les amoureux bavarder, je repris mon ballot et m'éloignai, le cœur lourd. Le soleil éclatant me paraissait moins clair ; le ciel bleu n'avait plus de joie pour mes yeux.
Mes pas m'entraînèrent vers le palais de Kira.
Tout était clos. Devant la grande porte fermée, des gardes groupés bavardaient. L'un d'eux m'appela.

J'hésitai un instant : moi, servir notre ennemi ? Mais un refus aurait été inexplicable et pouvait me trahir. Je me dirigeai donc vers lui, souriant. Il me dit :
« As-tu des agrafes de ceinture, colporteur ? J'ai brisé la mienne. »
J'ouvris aussitôt mon ballot. Les gardes se groupèrent autour de moi, marchandant et causant. Enhardi, je feignis l'ignorance et demandai pourquoi les portes étaient closes et si je pouvais entrer pour montrer mes marchandises aux femmes du palais. De question en question, de réponse en réponse, je sus bientôt le nombre des hommes d'armes et les précautions prises pour la défense du palais : une armée en aurait fait le siège en vain pendant plusieurs mois. Jamais nous ne pourrions réaliser notre vengeance.
Découragé, je poursuivis ma route, la tête basse, me dirigeant vers les quartiers du nord. Muramatsu Hidenao, notre frère, qui s'était installé là comme médecin, me donnerait sans nul doute des motifs d'espoir et même un plan d'action. Qui sait ? Un homme résolu, pénétrant dans le palais, pourrait frapper peut-être le Ministre... Muramatsu avait soixante-cinq ans. Il avait une grande expérience. Il saurait.
Sur mon coup de marteau retentissant, la porte fut entrebâillée par une suivante qui me demanda ce que je désirais.
« Voir ton maître.
— Êtes-vous malade ? Vous n'en avez pas l'air !
— Non, répondis-je naïvement. Mon nom est Terasaka, et ton maître me connaît. »
Là-dessus elle referma la porte, et j'entendis la voix grondeuse de Muramatsu :
« Que veut-il ?... Il n'est pas malade ?... Il dit s'appeler Terasaka et être connu de moi ? »
Ici je perçus une légère hésitation. Puis la voix reprit ferme :
« Non, je ne connais personne du nom de Terasaka. Dis que j'ai trop de malades à visiter pour avoir le temps de bavarder avec des inconnus oisifs. »
Je n'attendis pas la suivante. La fureur montait en moi, m'étouffant. J'aurais tout tué, si j'avais dû voir le sourire moqueur de cette fille. Renié !... J'avais été renié par un des nôtres !
La colère cependant m'avait redonné des forces. Ce fut d'un pas rapide et d'un cœur ardent que j'allai voir Kanzari Yagoro. Celui-là, je le connaissais bien : il me recevrait à bras ouverts : sa droiture était certaine.
Des passants m'indiquèrent le chantier de bois. Et bientôt je pénétrai dans la grande cour où, de tous côtés, des amas de troncs d'arbres et de planches séchaient à l'abri de toitures de nattes. Des manœuvres remuaient de lourdes pièces de charpente. Des scies immenses étaient maniées patiemment par deux hommes. Sous un hangar, les menuisiers, devant leurs établis, repoussaient du pied les copeaux que leurs rabots et leurs varlopes arrachaient.
Au milieu de cette activité, j'aperçus Kanzari, en veste courte, des mesures passées dans la ceinture à la place des sabres. Il me vit, me reconnut et vint aussitôt au-devant de moi, criant comme s'il m'avait attendu :

« Te voici enfin, colporteur ! On t'attend. Viens avec moi dans la maison. »
Dès que nous fûmes seuls, il me pressa de questions. Je lui répondis sans réserve, redisant les conseils de Hara Mototochi et les étranges constatations que j'avais faites dans la journée. Je l'interrogeai à mon tour. Il me dit :
« En prenant ce chantier, mon idée était, sous prétexte de faire des réparations dans le palais de notre ennemi, de relever les plans des bâtiments et de savoir exactement guider notre attaque. J'avais jugé que, dans son avarice, Kira accepterait à coup sûr les offres de travail les moins coûteuses. Je lui demandai donc des prix infimes, sans me soucier de mes pertes, et j'obtins aussitôt la charge de réparer le palais. Je n'avais pas prévu que cet emploi me vaudrait des commandes de toute la Cour, commandes qui me laissent de gros bénéfices, mais m'obligent à développer sans arrêt mes chantiers.
— Connaissez-vous vraiment l'habitation de notre ennemi ?
— Il est bien peu de pièces où je n'aie pénétré. Je suis connu de tous et puis entrer ou sortir à mon gré. Mais Kira ne couche jamais deux soirs de suite dans la même pièce. Il est toujours accompagné de son fidèle Chokumori, dont vous avez entendu vanter la parfaite loyauté. D'autres samouraïs sûrs et incorruptibles le suivent de près. Il est impossible d'agir. »
Il eut un moment de silence et poursuivit d'une voix découragée :
« Je me tiens prêt. Vous aussi et d'autres encore, sans doute. Mais quand le signal sera-t-il donné ? Agirons-nous jamais ? »
À voix basse, confidentiellement, il ajouta :
« Des rumeurs m'ont été transmises par l'entourage de Kira. Ôishi aurait répudié sa vertueuse épouse Ishi ; il dissiperait tous ses biens avec des geishas. Son ivresse est incessante. La douleur de voir notre clan dispersé a brisé son énergie. Est-ce vrai ? Je l'ignore. Allez donc le voir. Dites-lui ce qui se passe, et revenez nous donner le courage d'attendre. Mais soyez prudent : il est, je le sais, entouré d'espions. D'après quelques mots que j'ai surpris hier, il va sans doute être attaqué par des assassins. Un homme portant une cicatrice à la joue gauche a quitté ce matin le palais... Kira redoute notre chef et pense nous entraver pour jamais en nous privant de lui. Allez donc sans retard le retrouver dans sa maison de Kyôtô et prévenez-le... Tâchez surtout de savoir s'il a vraiment perdu tout espoir. »
Prenant au hasard une poignée d'objets dans mon ballot, il me donna une lourde ligature de monnaies de cuivre enfilées sur une ficelle passant par le trou carré que porte chaque pièce. Et comme, à ce moment, une suivante apportait une lanterne, il ajouta :
« La nuit est venue et les auberges sont éloignées. Si tu veux coucher dans la maison, on te donnera un dîner et tu pourras faire quelques affaires avec la famille. »
Reprenant mon rôle, je le remerciai respectueusement.

CHAPITRE VIII

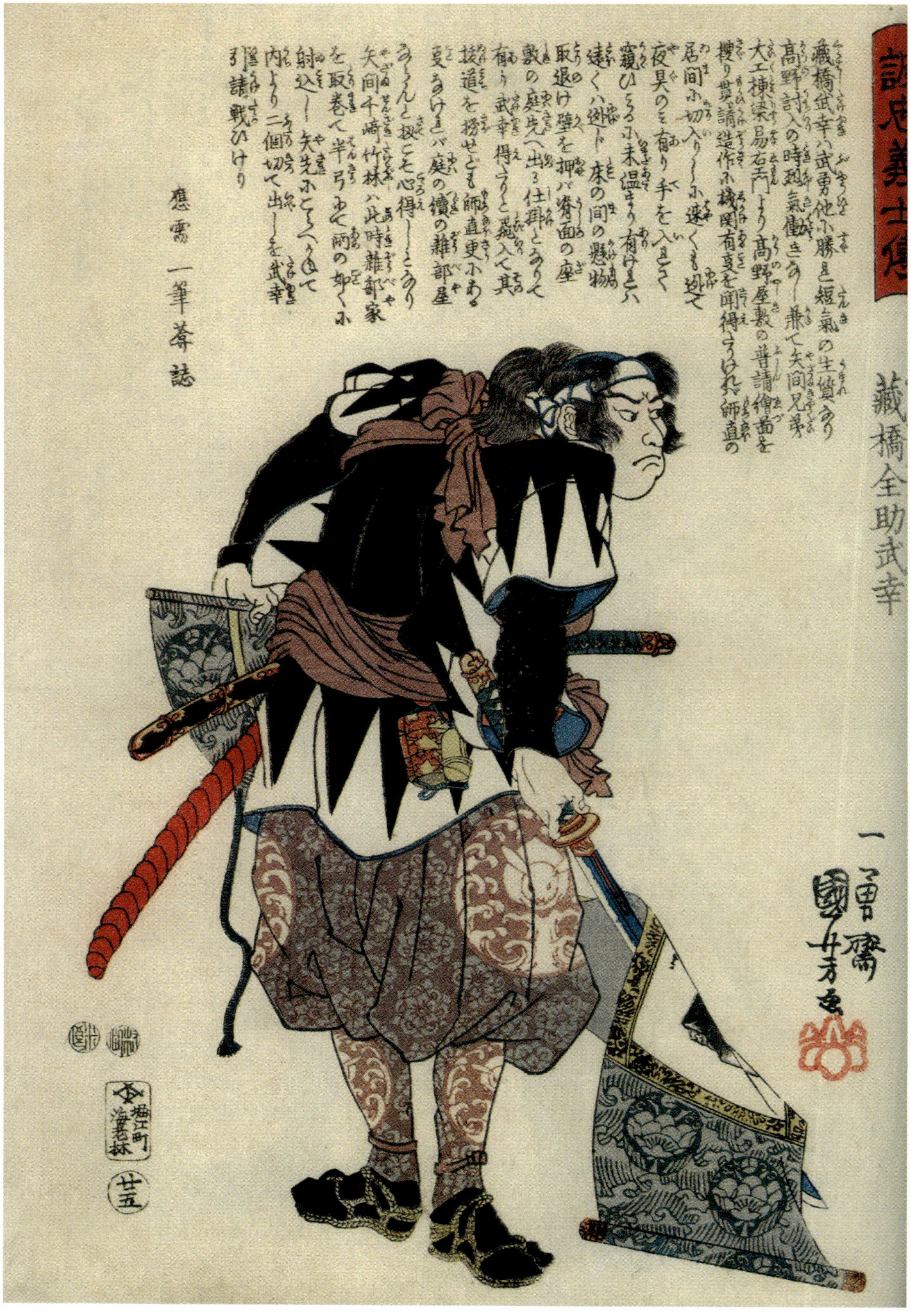

Kurabayashi Densuke Takeyuki.
Estampe d'Utagawa Kuniyoshi
(1798-1861).

Les abysses de la mer sont plus aisés à sonder que le cœur de l'homme, me dit Mototochi quand je revins lui rendre compte de ce que j'avais vu et entendu. À nos actions les plus simples, l'on peut toujours attacher les interprétations les plus contradictoires. Bien rares d'ailleurs sont les personnes qui connaissent les véritables et profonds motifs de leurs actes, alors même qu'elles pensent ces actes accomplis seulement en vue d'atteindre au but très clair qu'elles se sont fixé. Les actions de Kurabayashi et de Kanzari étaient sans doute, au début, dictées seulement par le désir de nous renseigner sur notre ennemi. Puis l'amour est peut-être venu à l'un, comme la fortune est venue à l'autre. L'épreuve sera rude, quand l'heure sonnera pour ceux auxquels sourient bonheur et succès. Il faut, pour courir vers la mort, une force d'âme infiniment plus grande à ceux qui s'arrachent à la prospérité qu'aux infortunés flagellés par l'adversité.
Ces mots soudain pénétrèrent en moi comme une lame glacée. Un abîme noir s'ouvrit devant moi et me donna le vertige. Il faut expliquer.
Un an auparavant, au temps où notre *daimyô* avait toute la faveur de la Cour, où, jeune écuyer, j'apprenais l'art militaire et les règles du *bushidô*, il m'était advenu ce qui ne peut manquer d'advenir à tous les jeunes gens de quinze à seize ans.
Si, d'un côté, mon ardeur me faisait prendre un plaisir extrême au maniement des armes, mon âme n'était pas moins sensible à la beauté des clairs de lune, aux splendeurs du printemps, à la mélancolie des eaux en automne. Par-delà les séductions de la nature, c'était l'amour que je désirais en réalité, sans le savoir. Je fuyais mes camarades afin de rêver plus à l'aise.
Or, en un jour embaumé de printemps, j'avais eu la permission d'aller admirer le paysage troublant de la campagne qui s'éveille. Dès l'aurore, sous le ciel clair, j'avais quitté la ville et remontais lentement un tiède vallon des collines de l'Ouest. Les pêchers en fleurs, brume rose couvrant la campagne, embaumaient l'air pur.

Grisé de soleil, engourdi de bonheur, j'avançais sans hâte quand, en traversant un village, je fus arrêté par une scène singulière. Une jeune fille résistait à deux hommes qui essayaient de l'entraîner hors de la porte d'un jardin. Par-dessus la clôture basse de bambous, je voyais la figure rouge de colère d'une dame âgée qui retenait celle qu'on enlevait.
De loin, je ne compris pas d'abord les paroles que ces quatre singulières personnes prononçaient toutes à la fois. En approchant, j'entendis surtout les cris de l'un des hommes, figure louche d'usurier ou de marchand de plaisir :
« Cette fille est à moi ! criait-il. Vous me devez douze *ryô*, et voici trois mois que vous ne me versez plus d'intérêts. Payez-moi, si vous ne voulez pas que je l'emmène.
— Emmener ma nièce pour douze *ryô* ! Une fille de quinze ans ! clamait la femme cramponnée aux vêtements de l'enfant. Mais, jolie comme elle l'est, je pourrais aisément obtenir cent *ryô* de dot pour elle...
— Peu m'importe ! disait l'autre. Payez les douze *ryô* ou donnez-moi la fille... »
Le second homme, l'air gêné, n'en disait pas moins :
« Allons, vieille femme, ne résistez pas plus longtemps. Nous sommes deux hommes contre vous... et vous voyez bien que personne ne vient à votre aide. Vos voisins savent que nous sommes dans notre droit.
— Nos voisins savent qu'ils vous doivent tous de l'argent, parce que la dernière récolte a été désastreuse. Ils n'osent pas bouger, les lâches. »
J'étais tout près d'eux, écoutant stupéfait. Le second homme, patelard, disait :
« Laissez-la. Vous savez qu'elle sera heureuse avec lui...
— S'il s'agissait d'entrer dans une famille honnête, criait la tante, j'abandonnerais volontiers la dot. Mais dans une de ses maisons, jamais !... »
À ce moment, l'usurier, tirant très fort, glissa sur la terre humide. Il lâcha la jeune fille, trébucha et vint buter contre moi. C'était plus que je n'en pouvais supporter. D'un revers de la main sur la gorge, je l'envoyai rouler sur le sol. Puis dégainant à demi l'un de mes sabres, je dis à l'autre homme :
« L'enlèvement d'une fille contre le gré de ses parents est un crime puni de mort. Mon devoir de samouraï serait de vous tuer tous les deux. Je veux bien vous épargner. Mais nous allons tout régler en même temps. Entrez devant moi dans la maison, et faisons nos comptes. »
L'usurier qui se relevait, blême, essaya de protester. Je dégainai. Il comprit et, courbant l'échine, entra dans la maison.
Après quelques explications, le misérable dut reconnaître que la somme réelle de la dette était seulement de trois *ryô*, le reste étant des intérêts accumulés habilement. Je lui fis rédiger un acquit total portant sa signature, son cachet et l'empreinte de son pouce ; je lui remis en échange les trois *ryô*, le chassant enfin à coups de pied, ainsi que son acolyte.

Les deux femmes, prosternées, me remerciaient en pleurant. Comme je les relevais et me préparais à partir, la vieille s'écria :
« Nous ne pouvons laisser partir ainsi notre sauveur, sans savoir même son nom. Faites-nous au moins l'honneur d'accepter un repas. Sagaiya, retiens-le pendant que je vais aux provisions. » Un regard de la jeune fille suffit à m'enlever tout désir de sortir. Un peu gênée, elle n'osait parler. Et moi, perdu dans la contemplation de sa beauté, je ne savais quelles paroles s'échappaient de mes lèvres.
La vieille tante, revenant, vit la tête inclinée de sa nièce, et dit :
« Je suis sûre que tu n'as pas remercié ce seigneur. »
Bientôt, entrant et sortant de la pièce, elle bavarda sans fin, racontant que Sagaiya était fille d'un samouraï d'Enya, mort depuis dix ans, laissant sa famille dans la misère.
« C'était un homme d'une grande beauté, mais dépensier ! s'exclama-t-elle, en levant au ciel ses deux bras. Et voici que, depuis deux ans, les récoltes ont été mauvaises et nos fermiers n'ont pu payer la location de nos terres. À notre tour, il nous a été impossible de verser le loyer de notre maison. J'ai dû même emprunter pour vivre. » L'heure passa si vite que l'obscurité nous surprit pendant que je pensais être encore au milieu du jour.
Il était trop tard pour retourner ce soir même à la ville. La vieille tante insistant, j'acceptai son hospitalité pour la nuit.
Nous causions encore à la lueur indécise d'une lanterne de papier ornée de fleurs roses, quand un coup de vent soudain secoua les cloisons. L'air printanier devint aussitôt glacial, et bientôt des torrents de pluie frappèrent la toiture comme un jet de pierres.
Le lendemain, au petit jour, je poussai le panneau de la chambre. La pluie tombait encore en nappes glacées. Le chemin, devant la maison, était devenu un torrent. Il n'était pas possible de retourner à la ville. Et pendant cinq jours il en fut ainsi.
En cinq jours, l'intimité fait de grands progrès entre deux jeunes gens encouragés par les parents. Si bien que, le sixième jour, quand, la tempête passée, le soleil brilla de nouveau, je m'agenouillai devant la tante et lui dis :
« Vous me traitez de sauveur. Faites-moi donc une grâce. Réglez toutes vos dettes en ce village, prenez vos bagages et venez à la ville avec moi. Je vous y verserai les cent *ryô* que vous demandez pour la dot de Sagaiya. Nous choisirons une maison près du palais de notre Prince, et nous vivrons heureux tous les trois. »
Puis je versai entre ses mains les quelques *ryô* qui restaient dans ma ceinture. Sagaiya, rougissante, se cachait le visage dans sa manche. Le bonheur emplissait son cœur.
Le soir même, nous partions ensemble. Je louai secrètement une maison pour Sagaiya et sa tante ; secrètement, car les jeunes écuyers, en se mariant, perdent par là même leur insouciance de guerrier. Ils ne reçoivent jamais de missions difficiles : toute occasion de se distinguer leur est déniée.

Je m'indignai contre cette règle, car mon amour pour Sagaiya ne diminua en rien mon amour pour les armes. Mais je compris soudain la sagesse de nos coutumes quand, une année n'étant pas écoulée, les petites mains potelées de notre fils se nouèrent sur mes doigts.
Et voici que les paroles de Hara Mototochi, comme j'allais partir pour voir notre chef Ôishi, déchiraient le voile de mon ignorance : devant moi s'ouvrait l'insondable abîme de mon sacrifice.

Entouré par des filles de salon de thé, Ôishi dîne avec l'un des conjurés de Kira, Kurabayashi, en essayant de le duper. Estampe d'Ando Hiroshige (1797-1858).

CHAPITRE IX

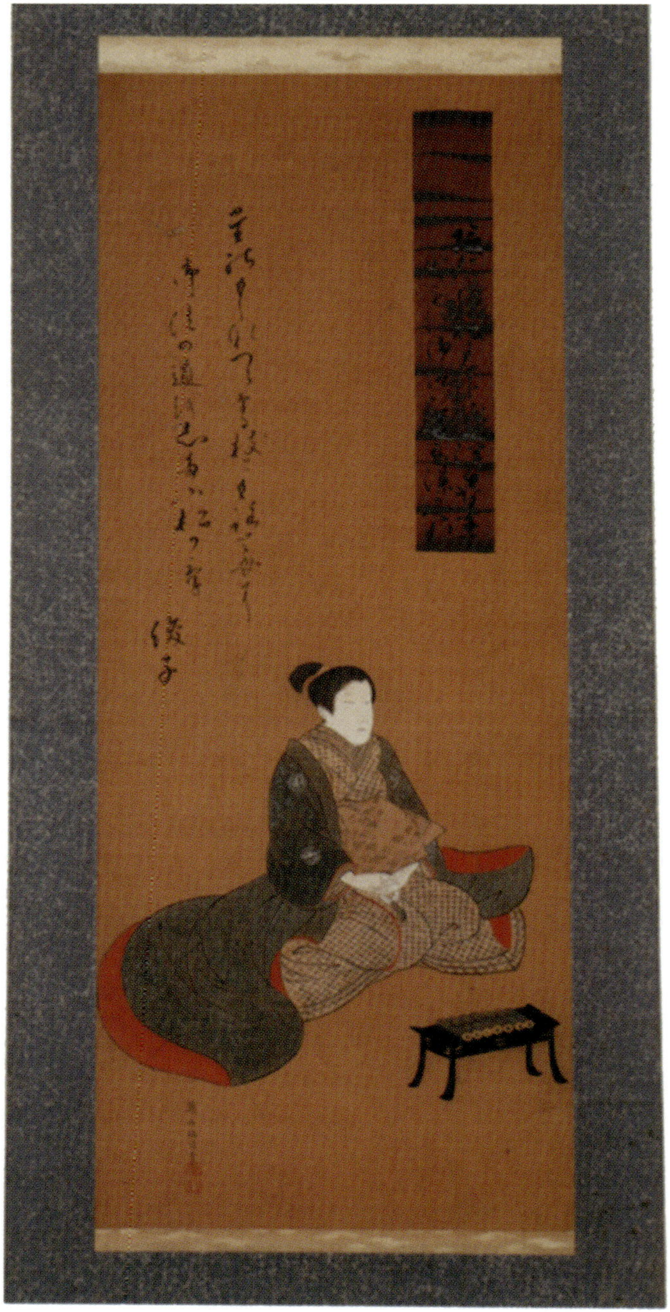

Un des rouleaux représentant chacun des acteurs de l'histoire (musée du temple Sengakuji).

Une épouse n'a pas à juger son mari, le père de ses enfants. C'est lui qui dirige. Elle n'a qu'à obéir. Lui seul sait.
Ainsi me répondit la sérieuse Ishi, l'épouse admirable que notre chef Ôishi venait de répudier.
Dès le lendemain de mon entrevue avec Kamari, je m'étais mis en route pour Kyôtô. Sans m'arrêter pour prendre de repos, j'avais traversé la ville impériale, franchissant en aveugle le pont célèbre sur la rivière, et me rendant directement dans le quartier de Chima-bara, où notre chef nous avait dit avoir sa demeure.
Mon ballot de marchandises m'avait ouvert toutes les portes... et toutes les bouches. Feignant d'avoir entendu dire qu'Ôishi avait une grande fortune, j'avais demandé son adresse, dans l'espoir affecté de vendre d'un trait toute ma charge aux femmes de sa maison.
Chacun m'avait aussitôt raconté ce qu'il savait. Notre chef avait réellement répudié son épouse, lui remettant, un soir d'ivresse, ses lettres de divorce ; lui laissant toutefois ses enfants et sa maison, ainsi qu'une somme suffisante pour vivre. Pour lui, logé non loin de là chez une geisha, il passait ses journées dans une maison de liqueurs dont le propriétaire était son meilleur ami.
Le sang de la colère et de la honte me montait au visage pendant que, souriant et plaisantant, j'écoutais les railleries méprisantes des bavards et des bavardes :
« Le Ministre des Rites peut dormir tranquille maintenant. Le clan d'Enya, guidé par un tel chef, sera tout juste de force à faire l'assaut de flacons pleins de saké. Tous les samouraïs, à la capitale, se demandent s'ils ne devraient pas mettre à mort ce lâche qui laisse invengée la mémoire de son seigneur. »
Nous étions donc trahis, abandonnés !
Des renseignements plus précis m'étaient nécessaires. L'épouse, d'abord, dirait une partie de la vérité. Ôishi lui-même, plus tard, me rendrait raison... Mon sabre vengerait notre honte et punirait sa trahison.

Dans la maison calme et tranquille au flanc du coteau dominant le moutonnement des toits gris, je retrouvai l'épouse sérieuse et noble, que dès l'enfance on avait nommée Ishi, « Roche » pour la fermeté inflexible de son caractère.
Je m'excusai de la troubler dans son chagrin, me disant chargé d'une mission de rônin d'Enya pour leur ancien chef.
Elle m'écouta en silence, me pénétrant de ses yeux clairs, et dit enfin :
« Les flammes irréfléchies de votre jeune âge éblouissent votre jugement. Vous avez écouté des rumeurs déraisonnables et vous pensez savoir. N'oubliez pas que, pour connaître la véritable valeur d'une action, il faut en attendre le résultat, le résultat qui permet seul de juger les moyens employés. »
C'est ici que, malgré ma crainte de la froisser, l'indignation m'emporta :
« Votre mari vous répudie, vous l'épouse parfaite. Il se plonge dans l'ivresse et les vils plaisirs, couvrant de honte le clan d'Enya tout entier. Il mérite dix mille morts ! »
Elle se pencha vers moi et me dit à voix basse :
« Je connais vos serments. Pour notre cause, au nom de notre *daimyô* invengé, je vous supplie d'attendre le terme de votre serment. Quand l'année sera écoulée, vous pourrez agir. »
Impressionné par sa fidélité, par son malheur, j'inclinai la tête en signe de promesse. Elle ajouta :
« Vous allez voir mon mari. Dites-lui que, cette nuit, j'ai fait un rêve. Je l'ai vu, sous la clarté de la lune, chancelant sur le chemin couvert de neige. Quatre hommes, le sabre à la main, le suivaient en se dissimulant dans l'ombre des maisons. Un rayon de lune les a frappés un instant. Qu'il se méfie surtout d'un homme qui a une cicatrice sur la joue gauche ! »
Quand je sortis, la suivante m'indiqua la nouvelle maison de son maître. Elle était au centre de la ville, dans une des avenues les plus gaies, où les passants se pressaient innombrables, où les clameurs des petits marchands et des porteurs de *kago* étaient assourdissantes.

Ishi, la femme d'Ôishi. Estampe d'Utagawa Kunisada (1786-1865)

Quelle ne fut pas ma honte en apercevant de loin notre chef, la figure enflammée d'ivresse, se tenant avec difficulté appuyé sur l'un des côtés extérieurs de son portique, ayant dans une main un flacon de grès et dans l'autre, une coupe de porcelaine. Sa dégradation était publique.
À ce moment, je vis aussi, de l'autre côté de l'avenue, un samouraï arrêté, la figure sombre, les yeux étincelants, la main droite sur la poignée d'un de ses grands sabres. Reconnaissant un des conjurés, Hazama Mitsuoki, j'allai vivement vers lui ; et, sans souci des règles de politesse, je lui dis :
« Hazama-San, daignez entrer avec moi dans la demeure de notre chef. »
En me reconnaissant, son visage se détendit. Il sourit et s'inclina, les mains appuyées sur les genoux. Ces salutations terminées, nous traversâmes l'avenue. Notre chef était rentré dans sa maison, et nous attendait au seuil de la pièce d'honneur. C'est avec difficulté qu'il put se courber sans tomber.
Quand nous fûmes assis enfin sur les nattes blanches de la salle principale, Hazama sortit de sa manche une lettre qu'il déplia et qui était couverte de signatures. Ôishi la reçut et la lut lentement à voix basse, non sans quelques hoquets :
« *Les conjurés, las d'attendre en vain un ordre de vous, désirent connaître vos plans. Ils ont juré de mourir ensemble, mais ne veulent pas périr sans avoir tenté de venger la justice outragée, sans avoir lavé leur honneur de loyaux guerriers. Ils vous supplient de leur répondre.* »
Ôishi, la tête vacillante, pensa tout haut :
« Voilà une fort bonne lettre... et les signatures sont nombreuses... »
Puis il écouta mon rapport, et dit enfin :
« À vrai dire, Hazama-San, j'attendais depuis assez longtemps quelque démarche de ce genre. Je suis heureux qu'elle me soit faite par vous, l'un des plus braves parmi les braves de notre ancien clan. Votre parole aura plus de poids. Kira se garde de telle manière qu'il ne saurait être question de l'attaquer avec succès en dehors de son palais. Quant à faire le siège de sa demeure, il n'y faut pas songer. Dans ces conditions, rappelez-vous la règle des combats : si une entreprise semble vouée d'avance au désastre, un général doit l'arrêter à tout prix. Que pouvons-nous faire ? »
Hazama, la figure contractée, grinça entre ses dents :
« Nous pouvons mourir.
— Libre à vous de le faire. Mais, pour moi, vous me permettrez de réfléchir. D'autres que moi réfléchiront aussi. »
Alors il sortit de sa manche un parchemin qui se déroula en partie. Je reconnus le serment écrit de notre sang. Il dit :
« Voici notre serment. Il est devenu inutile. Veuillez en mon nom le rendre aux membres de notre ligue. Que chacun raye sa signature. Et si, malgré cela, il en est encore qui veulent mourir, c'est à eux d'en décider. Il en est peu sans doute qui ne préféreront les joies de la vie, surtout parmi ceux à qui la fortune a souri. »

Pendant notre entretien, il m'avait semblé percevoir, à travers la mince cloison de papier à notre gauche, les mouvements d'une ombre. À ce moment, le soleil, qui avait tourné, donna soudain dans la pièce voisine : la silhouette d'une femme aux écoutes apparut une seconde distinctement.
Quand mon attention ainsi distraite revint sur nous-mêmes, je fus surpris de voir Hazama s'incliner gravement et prendre le parchemin en disant :
« C'est bien, Ôishi-San. Notre ligue est dissoute. Je préviendrai nos conjurés, et je leur montrerai la folie de notre entreprise. »
Ma surprise fut si grande, que mon indignation ne put s'exprimer. Déjà Hazama se relevait. C'est alors, sur le seuil presque, que je me rappelai le rêve de la sage Ishi, et les avertissements de Kanzari. Je les redis à Ôishi. Il branla la tête, et observa :
« J'ai trop parlé : je meurs de soif. Ne voulez-vous pas une coupe de saké ? »
Mais nous étions déjà sur le seuil.
Le lendemain, dans mon auberge, il n'était bruit que de la découverte, faite le matin même, de quatre cadavres, étendus dans la neige sanglante, à côté de leurs sabres ébréchés, morts sans doute tous quatre de leurs blessures et de froid, après quelque querelle futile.
Poussé par une impulsion mystérieuse, j'allai voir les cadavres que la police relevait. L'un d'eux portait une large cicatrice à la joue gauche.

Vêtu de noir, Terasaka Kichiemon rend visite à Ôishi pour tester sa loyauté. On aperçoit la femme d'Ôishi au pas de la porte. Estampe d'Ichimosai Yoshitora (1850-1880).

CHAPITRE X

Hazama Jyujiro Mitsuoki.
Estampe d'Utagawa Kuniyoshi
(1798-1861).

Les montagnes, les rivières et la mer, tout le long du Tôkaidô, sont illustres dans l'univers pour leurs beautés surprenantes et variées. Aussi, la plupart des voyageurs qui le parcourent en foules joyeuses sont-ils occupés, tout le long du chemin, beaucoup plus par le plaisir de leurs yeux que par les nécessités de leurs métiers.

Mais moi, découragé, devenu vraiment un rônin, puisque mes serments étaient abolis par notre chef, comment pouvais-je goûter les splendeurs des paysages ?

Cependant, quand la grande route dallée s'enfonçait dans la sombre majesté d'une forêt de cryptomères dont les troncs, géants, écailleux et rouges, s'élancent d'un jet jusqu'au ciel, je sentais mon âme s'affermir à l'exemple de ces arbres aux branches et aux noires aiguilles immuables sous les tempêtes, les neiges et les chaleurs de l'été.

Et quand, un soir, de la grande salle de l'auberge emplie de rieurs, nous vîmes, au pied de notre falaise, monter dans les vallées profondes la marée bleu-noir de la nuit ; quand les sommets moutonnant des montagnes furent un à un submergés, et que seul demeura l'impeccable cône argenté du Fujiyama, s'irradiant de mille teintes sur le firmament verdi qu'il touche presque, alors les rieurs de l'auberge se turent bouleversés ; moi, je sentis mon cœur inondé d'une émotion ardente et d'une volonté plus tenace.

Qu'importait la défection d'un chef? Nous saurions bien en trouver un autre. Pour moi, je me tiendrais prêt. Ainsi que je voyais le Fuji se dresser, immaculé, sur le monde envahi par la nuit, ainsi je verrais la pure justice de notre cause triompher des noirceurs de l'iniquité.

Au Sengakuji, Hara Mototochi, pour conserver son rôle, me reçut avec les apparences d'une froideur étonnée. Il me pria néanmoins de dîner avec lui. Ce ne fut que fort avant dans la nuit, quand il fut assuré de notre solitude, qu'il se pencha vers moi et me dit simplement :

« Eh bien ? »

Je lui racontai dans le détail mon entrevue avec Ôishi et Hazama Mitsuoki. J'allais ajouter des remarques amères sur notre chef, sur sa dégradante conduite, sur la traîtresse reddition de nos serments. La prudence retint mes paroles. Qu'importait d'ailleurs mon opinion dans un tel désastre ? Ma surprise fut extrême de voir la figure de Hara s'éclairer à mon récit et de l'entendre prononcer ces surprenantes paroles :

« Je vois enfin se lever l'aurore de nos espoirs glorieux !

— Comment cela ? ne pus-je m'empêcher de m'écrier. »

Hara me regarda triomphant.

« Ainsi, même vous, qui l'avez vu, qui l'avez entendu, il vous a fait supposer qu'il renonçait à la lutte ? Comment Kira ne le croirait-il pas, lui qui a seulement les rapports de ses espions ? Un héros seul, en effet, a le courage de se déshonorer en apparence afin d'atteindre au plus grand honneur. »

L'étonnement me fit un peu balbutier :

« Mais... mais il a rendu nos serments ! Il a dénoué la ligue...

— Notre ennemi connaissait l'engagement écrit de notre sang. Il sait aujourd'hui que ce serment est annulé. Il croit aussi qu'Ôishi, méprisé de tous, n'est plus à craindre. Il se gardera de moins près. L'heure de notre vengeance approche. Je pars dès demain matin pour mon village natal afin de régler mes dernières affaires de famille. Vous feriez bien de régler aussi les vôtres. »

Après un silence significatif, il ajouta :

« Nos veuves et nos enfants ne seront pas sans ressources. Notre Princesse a fait dire qu'une pension serait versée chaque mois aux familles de ses guerriers les plus loyaux. J'ai donné déjà le nom et l'adresse de votre épouse et de votre fils. »

Ainsi, depuis longtemps sans doute, il savait !

Sera-t-il jamais possible de connaître tout ce que savent de nous, les personnes qui nous entourent ? Nous croyons avoir des secrets : ils sont publics. Nous pensons nous être expliqués clairement : nous avons été entièrement incompris.

Hara Mototochi partit donc le lendemain pour son village. Ce qui se passa, je ne l'ai pas vu. Je vais le raconter tel qu'on me l'a redit.

La femme de Hara, dite Koromo, « la Douillette », et ses enfants étaient demeurés près du village d'Enya. Avec l'aide du frère et de la mère de son époux, elle cultivait les petits champs dont ils vivaient. Hara, parvenu à son village vers la fin de la journée, se trouva bientôt sur le sentier longeant la palissade de bambous dorés de son enclos. Il entendit des rires et des cris d'enfants, s'arrêta et regarda par une fente de la barrière.

Sur le dallage entourant le pied de la maison, à l'abri du vent, une profonde cuve de bois fumait dans la fraîcheur vespérale. À travers le brouillard léger qui s'en échappait, il vit Koromo et ses deux enfants prenant leur bain du soir, enfoncés jusqu'aux épaules dans l'eau chaude, s'éclaboussant, jouant et riant aux éclats. L'agitation se calma un peu. Un enfant dit :

« Tu étais triste depuis longtemps, maman. Depuis plusieurs jours, tu es plus gaie, pourquoi ?
— Quand ton père nous a quittés, j'étais triste, car la séparation serait longue ; le temps est passé, et maintenant le jour approche sans doute où nous le reverrons ; alors je suis heureuse. Et toi, pourquoi es-tu si gai ? Peux-tu le dire ?
— Je suis gai parce que papa va bientôt tuer le méchant Kira qui a fait mourir notre *daimyô*.
— Chut, tais-toi, petit samouraï ! »
Et elle luttait pour l'embrasser. Mais l'enfant se débattait et criait.
« Et s'il attend encore un peu, je serai assez grand pour l'aider à tuer notre ennemi. »
Hara eut un sourire et s'écarta silencieusement. Contournant l'enclos, il eut bientôt atteint la porte d'entrée, et franchit le seuil, entrant dans le jardin. Sa femme, déjà revêtue d'un épais kimono et portant l'enfant enveloppé d'une serviette, l'entendit, tourna autour de la maison et devint rouge de joie en le voyant. Mais elle ne pouvait le saluer. Elle dit :
« Entrez vite, et voyez votre mère. Elle a beaucoup souffert de notre séparation. Votre frère Mitsurô est aussi dans la maison. »
La mère entendit les voix, passa la tête par un panneau latéral et reconnut son fils. Celui-ci entra aussitôt et la salua selon les rites. Mitsurô, « le troisième seigneur » courut chercher des liqueurs et de la nourriture. Bientôt les deux époux et leur famille furent réunis autour d'un festin. C'est alors seulement que la mère, souriante, posa des questions. Hara répondit :
« Des informations privées me sont parvenues de Kyôtô. Pour longtemps sans doute, chacun de nous ne devra compter que sur lui-même. Alors j'ai prêté l'oreille à des rumeurs, et j'ai décidé de partir pour la région du Kantô où j'espère être engagé par un dignitaire. Aussitôt que j'aurai trouvé un emploi, vous le saurez. Mais je ne pense pas revenir avant le printemps prochain. Demain matin, à l'aurore, je me mettrai en route. »
Koromo entendit ces mots, et son visage heureux s'assombrit. Mitsurô, en son esprit, pensait que tant de hâte était inutile. Quant à la mère, sans toutefois se laisser emporter par ses sentiments, elle devint grave.
Cependant Hara tirait de sa poitrine un paquet contenant trente *ryô* de métal précieux, et les remettait à son frère, en disant :
« Voici pour aider notre famille à vivre jusqu'à mon retour. Je te confie mon épouse. Veille à ce que rien ne lui arrive et qu'elle soit heureuse. Je n'ai pas besoin de te parler de notre mère. »
La mère, pendant qu'il parlait, étudiait son visage. Elle dit enfin :
« Vous partez pour un pays lointain sans être assuré du résultat de votre voyage. Si ces chances de réussite valent d'accepter une pareille absence, nous nous en réjouirons ; mais je désire savoir la vérité en cette affaire, si cela est possible.

— La vérité ? Comment oserai-je ne pas la dire ?
— Y a-t-il nécessité d'aller si loin pour gagner votre vie au milieu de gens inconnus ? Je n'ai jamais entendu dire que, sans motif secret, on laisse sans emploi des guerriers loyaux. Personne ici ne peut nous entendre : parlez donc sans détours. Ne feignez-vous pas d'agir ainsi parce que le seigneur Ôishi a décidé enfin de venger notre *daimyô* ? »
À ces mots, Hara fut surpris et troublé. La fermeté d'âme de sa mère lui était connue. Mais il se rappela le proverbe : *Les paroles qui sont sorties de la bouche, nul ne peut les reprendre ; nul ne sait jusqu'où elles peuvent aller.*
Et d'ailleurs, sa mère serait-elle assez forte pour supporter la sombre vérité ? Il dit en conséquence :
« Si je me hâte ainsi, c'est que les premiers arrivés sont toujours les mieux écoutés. Quand un dessein est arrêté, un jour de retard peut compromettre son exécution. D'ailleurs, la chaleur du milieu de la journée est mauvaise pour les voyageurs. Mieux vaut partir de bonne heure et se reposer quand le soleil est élevé. Je partirai donc en secret demain, afin de vous éviter la fatigue des adieux. »
Que pouvait-on répondre ? La soirée se passa donc attristée. Puis chacun se retira pour dormir.

CHAPITRE XI

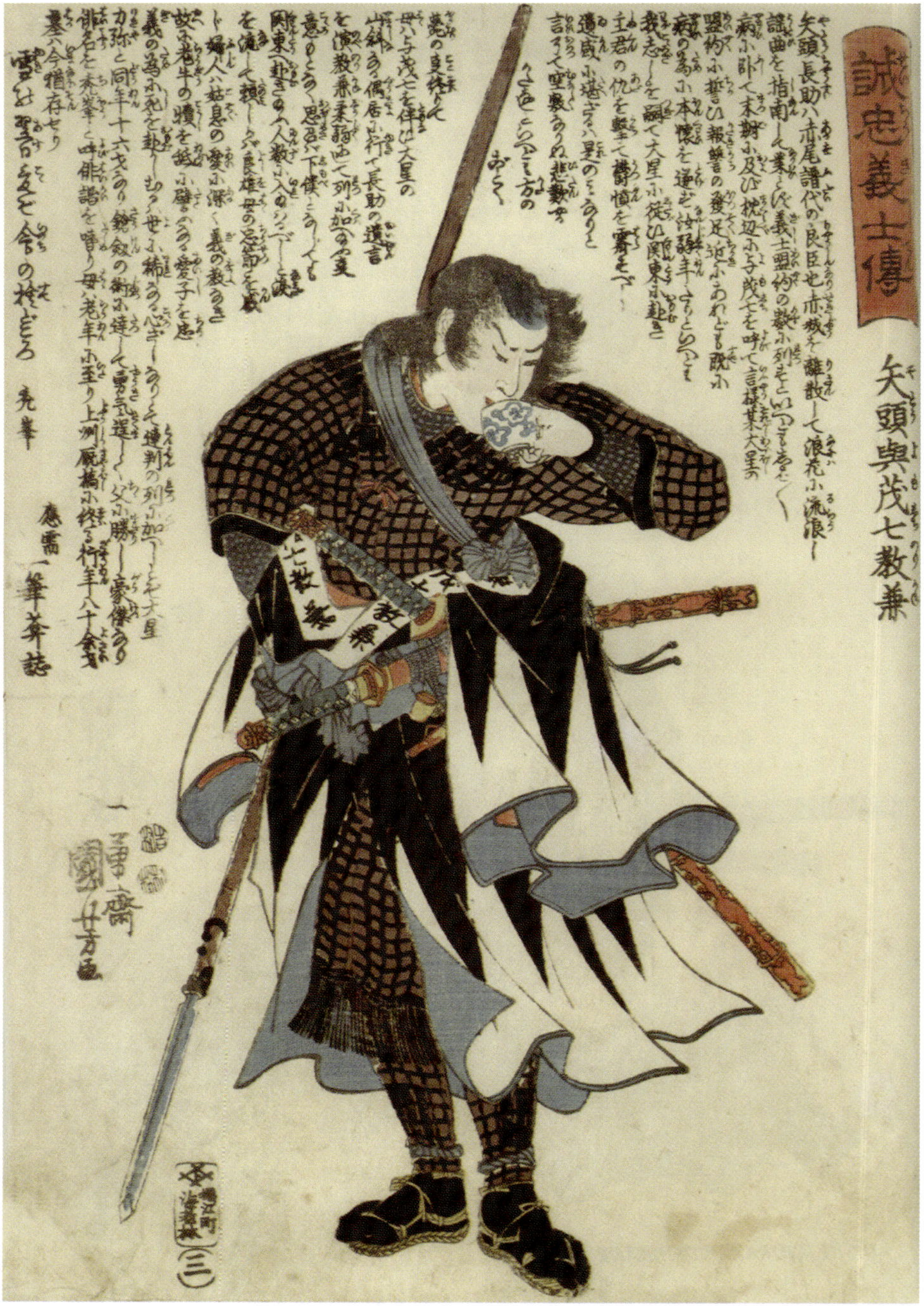

Yato Uemonshitchi Norikane.
Estampe d'Utagawa Kuniyoshi
(1798-1861).

L'AMOUR MATERNEL est le plus profond et le plus désintéressé de tous les sentiments humains. Sa splendeur brille d'un éclat spécialement pur dans les familles aux âmes élevées.

Il faisait encore nuit, l'aurore ne pointait même pas au ciel oriental, Hara dormait toujours, et déjà la mère était debout, faisant chauffer un repas pour son fils, lui préparant en outre de la nourriture et des gâteaux pour la journée.

Hara Mototochi, bientôt levé et s'apprêtant pour le voyage, contenait avec peine ses pensées et ses sentiments. Sa loyauté l'aida cependant à raidir son visage et à ne rien laisser voir de son trouble à sa mère, à son épouse et à son frère. Il ne put cependant s'empêcher de dire :

« La séparation présente, comparée en souvenir d'autres adieux, semble toujours la plus pénible. Je puis à peine vous quitter. »

Il partit enfin, marchant vers l'est.

Il avait parcouru plus de sept *ri*, quand l'heure de son repas de midi arriva. Assis à l'ombre fraîche d'un bois, il ouvrit le paquet plus lourd qu'une pierre, suspendu à son épaule, et vit quatre gâteaux préparés par sa mère. Il reconnut bientôt leur goût d'autrefois. Quelques miettes tombèrent. Une tourterelle, dont le nid était dans un arbre voisin, se posa près de lui et, prenant dans son bec un morceau, sans l'avaler, s'envola aussitôt vers ses petits que l'on entendit piailler. Hara se prit à réfléchir :

« Cette tourterelle ne songe qu'à ses petits. Ainsi ma mère s'est toujours sacrifiée pour nous. Je connais sa force d'âme et son amour pour nous. Comment laisserait-elle échapper un mot contraire à notre devoir ? Je n'aurais pas dû partir sans lui dire la vérité. Le souvenir de mon manque de confiance la troublera, quand elle apprendra ma mort. »

Se levant alors résolument, il retourna sur ses pas, atteignant sa maison au couchant du soleil. Son frère le vit le premier et, la figure inquiète, l'interrogea. Hara feignit d'avoir oublié un objet important. Koromo accourut, souriante, sans une question. Puis elle entraîna son beau-frère, laissant Hara saluer sa mère. Celle-ci ne parut pas surprise. Il dit :

« Ce matin, je suis parti précipitamment, sans vous dire le motif réel de mon voyage, car je craignais de troubler votre repos et celui de Koromo qui est trop tendre encore pour supporter la douleur. Mais j'ai réfléchi. Comment pourrais-je reposer en paix sans vous avoir parlé ? »

Et il lui raconta tout ce qui s'était passé, avec sa conviction que l'heure approchait où il périrait, soit dans le combat, soit sur l'ordre du *shôgun*.

« J'avais bien deviné qu'il en était ainsi, dit enfin la mère. J'étais fière de votre décision et de votre pensée pour moi. Je suis heureuse aujourd'hui de votre confiance. Mais il ne faut pas que le souci de mon chagrin puisse affaiblir votre détermination. La mère d'un samouraï sait quelle peut être l'issue d'un combat. »

Le dîner fut plus grave que celui de la veille. Enfin chacun se retira pour dormir.

Le lendemain, à l'aube, Hara s'éveilla et commença ses préparatifs, aidé de son épouse. Surpris de ne pas entendre de bruit dans la maison, il pénétra dans la chambre obscure de sa mère. Elle reposait, étendue sur ses couvertures. Il ouvrit un panneau pour laisser entrer les premiers rayons du soleil, et se retourna, prêt à saluer la dormeuse.

L'horreur le figea sur place : les couvertures et le tatami étaient inondés de sang. La mère avait la gorge ouverte et tenait encore dans sa main droite le poignard dont elle s'était servie.

Il appela aussitôt son frère : celui-ci accourut. Et tous deux se demandèrent, dans leur douleur, pourquoi elle avait agi. Aucun danger ne la menaçait. Aucun mot d'elle ne pouvait expliquer ce suicide. Ils virent enfin, sur l'oreiller, une lettre adressée : « À mon fils aîné ». Ils l'ouvrirent. Leur mère l'avait écrite :

« D'un seul pinceau, je ne puis célébrer entièrement la profondeur de la piété filiale que votre cœur m'a toujours témoignée. Et voici qu'hier le souvenir de votre mère vous a rappelé vers elle quand vous aviez parcouru déjà sept ri *; mon vieux corps s'est réjoui de votre retour et de cette preuve nouvelle de votre cœur. Cependant c'est pour moi que vous avez retardé votre départ. Or je ne veux pas que la pensée du corps de votre mère surgisse en vous à l'heure où il faudra s'avancer avec tout votre esprit de bravoure. Car, alors affaibli, vous risqueriez d'être soudain jeté à terre ; notre ennemi verrait l'intérieur de votre casque. Désirant vivre pour votre mère, vous ne tarderiez pas à mourir à cause d'elle.*

Vieille aujourd'hui, mon destin est accompli. J'ai donc écrit d'abord cette lettre ; puis je me frapperai pour atteindre au grand repos. En toute chose, il faut agir à temps. Je regrette seulement la douleur que je vais causer à vous, à Mitsurô et à Koromo. »

Hara, dans sa douleur, versait des larmes et rappelait à grands cris l'âme héroïque qui voltigeait encore autour de la maison. Son frère et son épouse gémissaient auprès de lui.

Puis il dut accomplir les cérémonies, appeler les religieux d'un monastère voisin, assister aux funérailles. Deux fois sept jours se passèrent avant qu'il pût quitter son village natal.

CHAPITRE XII

Kanzari Yogoro Noriyasu.
Estampe d'Utagawa Kuniyoshi
(1798-1861).

Quand Hara m'avait dit que l'heure approchait et qu'il fallait prendre nos dernières dispositions, ses paroles, s'appuyant sur mon respect, avaient détourné le courant de mes convictions profondes. Mais il me quitta, et moi, j'allai de maison en maison, visitant les conjurés, et je perdais, à chaque visite, un peu de ma confiance.

Hazama Mitsuoki était passé devant moi, rendant à chacun la parole donnée. Tous les nôtres brûlaient d'indignation et de colère. Les uns parlaient de pénétrer seuls dans le palais de Kira. D'autres voulaient se choisir un autre chef.

De nouveau, le doute était entré dans mon esprit : Ôishi nous trahissait et nous abandonnait. L'heure n'était pas proche. Rien n'était fait, ni pour maintenir le courage des conjurés, ni pour clarifier les renseignements recueillis, ni pour former un plan d'attaque.

Beaucoup d'entre nous, enfin, avaient été obligés par la misère de vendre leurs armures. Quelques-uns n'avaient même conservé qu'un sabre. Que pouvions-nous faire, les mains nues, contre les troupes bien armées de notre ennemi ?

Cependant l'attention populaire était toujours fixée sur les samouraïs d'Enya. Le peuple et les nobles attendaient également de nous le châtiment de l'injustice.

Si l'opprimé supporte lâchement, sans une révolte, la main traîtresse de l'oppresseur, s'il préfère une vile existence de chien à la mort glorieuse d'un défenseur de la Justice et de l'Honneur, rien, certes, n'impose à d'autres de mourir à sa place. C'est un devoir de soutenir et d'aider ceux qui luttent jusqu'au dernier souffle pour la bonne cause. C'est aussi un devoir de laisser périr les lâches qui ne font pas un effort pour sortir du fossé bourbeux où ils sont tombés.

Dans toutes les maisons de la ville où je colportais mes marchandises, l'on savait maintenant que nos serments avaient été rendus. Il n'était pas une bouche, même la plus méprisable, qui ne trouvât pour les samouraïs d'Enya des épithètes pareilles à des coups de fouet. Le rouge me montait au front, pendant qu'il me fallait crisper les lèvres en un sourire complice.

Les rumeurs de la ville montèrent sans doute jusqu'à Kira, confirmant les rapports de ses espions, car, passant devant son palais, je ne vis plus de gardes à l'extérieur. La curiosité me fit franchir le seuil de la grande porte entrouverte. Dans la cour, quelques hommes armés tenaient la place du bataillon que j'avais vu un mois à peine auparavant. L'économie était une des vertus du puissant Ministre.
Dans mon cœur bouillonnant, je formai un moment le dessein d'immoler Ôishi aux mânes de notre Seigneur. Mais notre vengeance n'en aurait pas été assouvie. Je résolus plutôt de tenter seul une attaque contre Kira. Je me tins pour cela dans les rues avoisinant sa résidence, essayant, sans questionner, de savoir à quelles heures il sortait. Mais je constatai bientôt que, s'il avait diminué la garde de son palais, puisqu'il ne craignait plus un assaut mené par une troupe nombreuse, il redoutait encore l'attaque de quelques hommes sur son cortège et ne sortait jamais sans être entouré de la manière la plus sûre.
Kanzari Yagoro, qui dirigeait toujours son chantier de bois, me reçut un soir dans sa maison. Quand le silence régna et qu'il put me parler sans crainte d'être entendu, il me demanda s'il y avait une lueur d'espoir. Mon front baissé laissa voir ma honte et ma désespérance. Alors il me dit, étouffant ses larmes et grinçant des dents :
« Tout est prêt cependant. Nous avons les plans complets des appartements secrets de Kira. J'en avais dessiné une partie moi-même, en exécutant les travaux de réparation habituels à chaque saison. L'autre partie a été levée par le frère d'Hazama Mitsuoki, Hazama Mitsuhaze : il s'était toujours amusé à des travaux de menuiserie. Il s'est présenté comme ouvrier pour la réparation des appartements intérieurs. Dans les pièces les plus secrètes, il connaît les entrées, les sorties et les panneaux cachés. Nous avions communiqué nos informations à notre chef, afin qu'au jour de l'attaque toutes les issues fussent gardées. Tout cela est inutile maintenant. »
Dans une autre partie de la ville, où Kayano Tsunenari vivait dans la maison de son père, je trouvai toute la famille en deuil. Un jeune frère de Tsunenari, nommé Tsuneyo, âgé de treize ans à peine, revenait chaque soir, couvert de contusions, de son école. Tous les étudiants, instruits de notre honte par leurs parents, l'avaient surnommé « le lâche d'Enya ». L'enfant combattait sans arrêt. Mais ses maîtres eux-mêmes le traitaient avec tant de mépris, qu'un soir, étouffé de douleur il s'était enfoncé un poignard dans le cœur, laissant à son frère ces seuls mots : « Venge-moi en sauvant ton honneur ».
Un grand nombre des nôtres, enfin, n'ayant ni femme ni enfants, s'étaient hâtés de dépenser en fêtes ou autrement les cent *ryô* reçus lors du partage de nos trésors. « À quoi bon, disaient-ils, pour ceux qui vont mourir dans un an, garder des richesses plus grandes qu'il n'en faut pour vivre pendant un terme aussi court ? » Gaspillant sans calculer, ils avaient atteint plus vite qu'ils ne pensaient le fond de leur bourse. Et c'est alors que plusieurs avaient dû vendre leurs armures. À notre indignation de voir

l'injustice non châtiée, à notre honte d'être méprisés de tous, ceux-ci ajoutaient leur déception de se voir réduits désormais à la misère et au mépris.
La colère et la douleur grondaient donc dans toutes les âmes des conjurés. Nous voulions tous agir. Mais il nous fallait un chef, et nous avions perdu le nôtre.

Terasaka présente quelques-unes de ses marchandises aux gardes pour tenter de pénétrer le palais de Kira. Estampe d'Ando Hiroshige (1797-1858).

CHAPITRE XIII

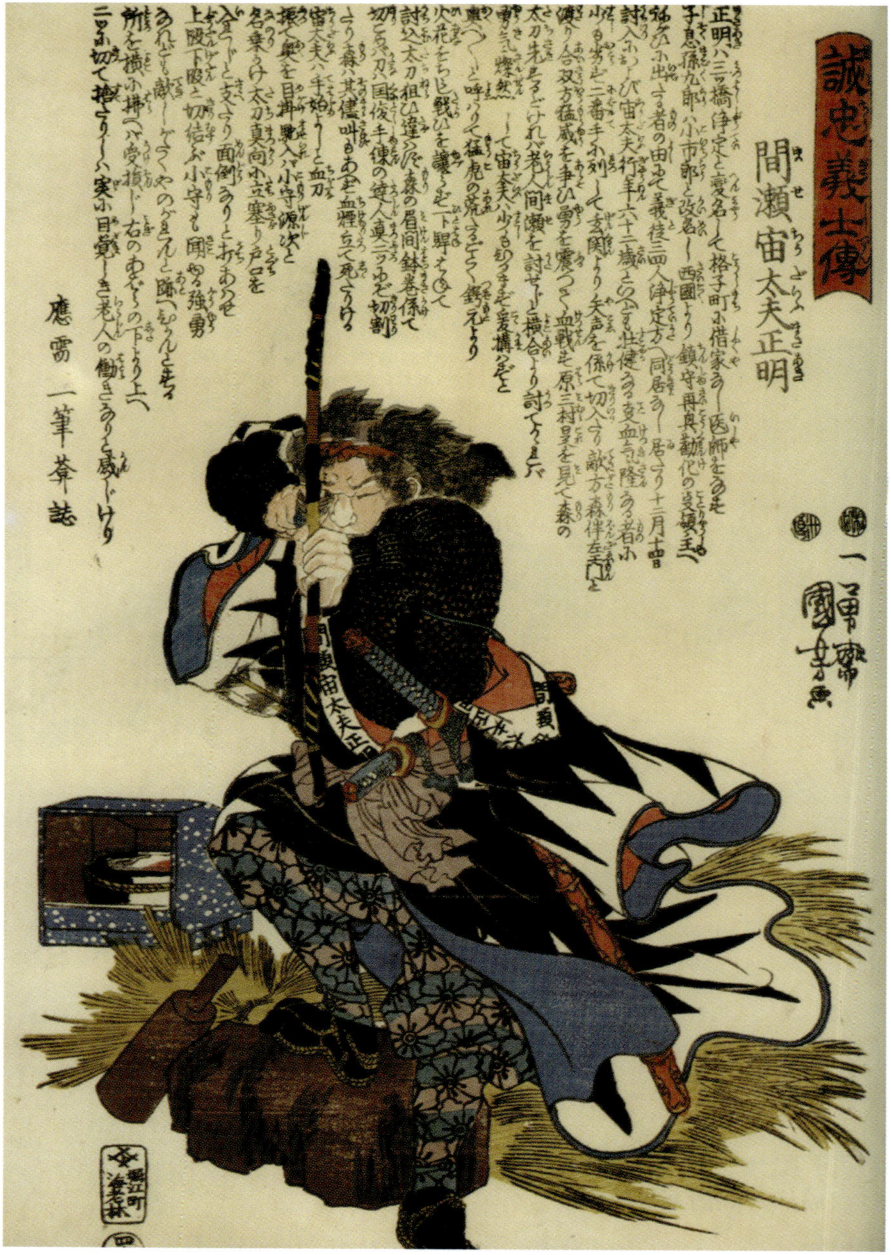

Mase Kyudayu Masaaki.
Estampe d'Utagawa Kuniyoshi
(1798-1861).

De rouges pensées de rébellion versaient leur poison dans mon âme, pendant qu'après avoir visité tous nos conjurés, je suivais le sentier montant vers le monastère. Ma confiance en Ôishi était détruite. Je venais de voir où son étrange conduite et notre foi trop aveugle nous avaient conduits. Comment écarter ce traître sans attirer les soupçons ? Hara Mototochi, dans sa cellule étroite et nue était assis, immobile et grave, sur les nattes rugueuses. Le bandeau blanc qui lui serrait le front et sa longue robe blanche sans ourlet m'avertirent de son deuil avant même qu'il me l'annonçât.

« Ma mère s'est donné la mort, répondit-il à mes questions attristées, afin que la pensée de sa vieillesse solitaire ne vînt pas entraver ma loyauté. Ma vie désormais se prolonge dans le seul but que notre victoire justifie la profondeur de son héroïsme. Je veux être digne d'elle. » Impressionné par la sombre grandeur de la mère et du fils, je prononçai simplement :

« Il faut que vous soyez notre chef. Nous sommes prêts à l'action, mais Ôishi a perdu notre confiance. Il nous abandonne. Il nous rend nos serments. Le peuple entier nous méprise à cause de lui. C'en est trop. Pourquoi veut-il dissoudre notre ligue ? Pourquoi ne nous donne-t-il pas le signal ? Nous possédons le plan du *yashiki* de notre ennemi. Des guides sûrs connaissent les issues les plus secrètes. Nous savons exactement l'heure où notre attaque sera le plus terrible. Les gardes du palais sont encore nombreux, mais nous avons pour nous l'avantage de la surprise, de l'ordre et surtout d'une volonté inébranlable.

— Ôishi le sait. Il choisit son heure. »

Un bruit de pas dans la cour nous interrompit. Je repris le ton des conversations qui conviennent avec un ennemi endeuillé. Un écuyer, un instant plus tard, annonçait la visite de Hazama, qui entra presque aussitôt. Les salutations échangées, le visiteur prononça comme il sied des paroles de louange pour la défunte et s'enquit de sa dernière maladie. L'écuyer, cependant, s'étant éloigné, Hara redit les véritables circonstances du sacrifice.

Hazama hocha la tête gravement, sans un mot. Il est des sentiments que le silence peut seul respecter. Puis il tira de sa poitrine un rouleau de papier blanc ; je reconnus aussitôt le texte que nous avions signé de notre propre sang. Il déroula le document dont il roulait en même temps le bas, jusqu'à ce qu'il rencontrât la signature de Hara, qui apparut isolée. Le rouge sombre du sang était déjà terni.
« Il faut que vous marquiez ici l'abolition de votre serment. Tous les conjurés ont signé déjà. »
J'ouvrais la bouche pour demander le nom des lâches qui avaient osé signer leur propre déchéance. La surprise m'arrêta. Hara prenait le document et, faisant glisser un pinceau sur une pierre à broyer encore humide, placée à ses côtés, il écrivit quelques mots et signa d'un geste vif.
Hazama me tendit l'écrit à mon tour. Mon pinceau écrasa sur le papier les mots : « *Je renouvelle dix mille fois mon serment.* » Sans regarder, notre visiteur glissa le document dans sa poitrine, se leva et nous salua :
« Je dois remettre sans retard cette pièce à notre chef. Je pars donc. Mais veuillez vous trouver, le treizième jour de la douzième lune, c'est-à-dire dans sept jours, à l'heure du Tigre, auprès du tombeau de notre *daimyô*. Ce sera sans doute le dernier conseil de notre clan. Telles sont les instructions de notre chef. Gardez le secret. » Ainsi, devant la tombe même de celui que nous trahissions, nous allions décider d'abandonner notre vengeance. Mais en ce cas, pourquoi le secret ? Le doute revint dans mon esprit : Ôishi avait-il décidé d'agir ?
Incapable d'attendre tant de jours devant l'inaction, je me levai d'un bond et déclarai que je partais pour Kyôtô. Hazama eut un sourire et s'inclina, disant :
« Heureux de vous avoir pour compagnon de route. »
Pourquoi ce sourire ? Que savait-il ? Par quelles études pourrons-nous jamais apprendre à deviner les pensées véritables de ceux qui sont là, devant nous, plus impénétrables que s'ils étaient par-delà une muraille épaisse ?

CHAPITRE XIV

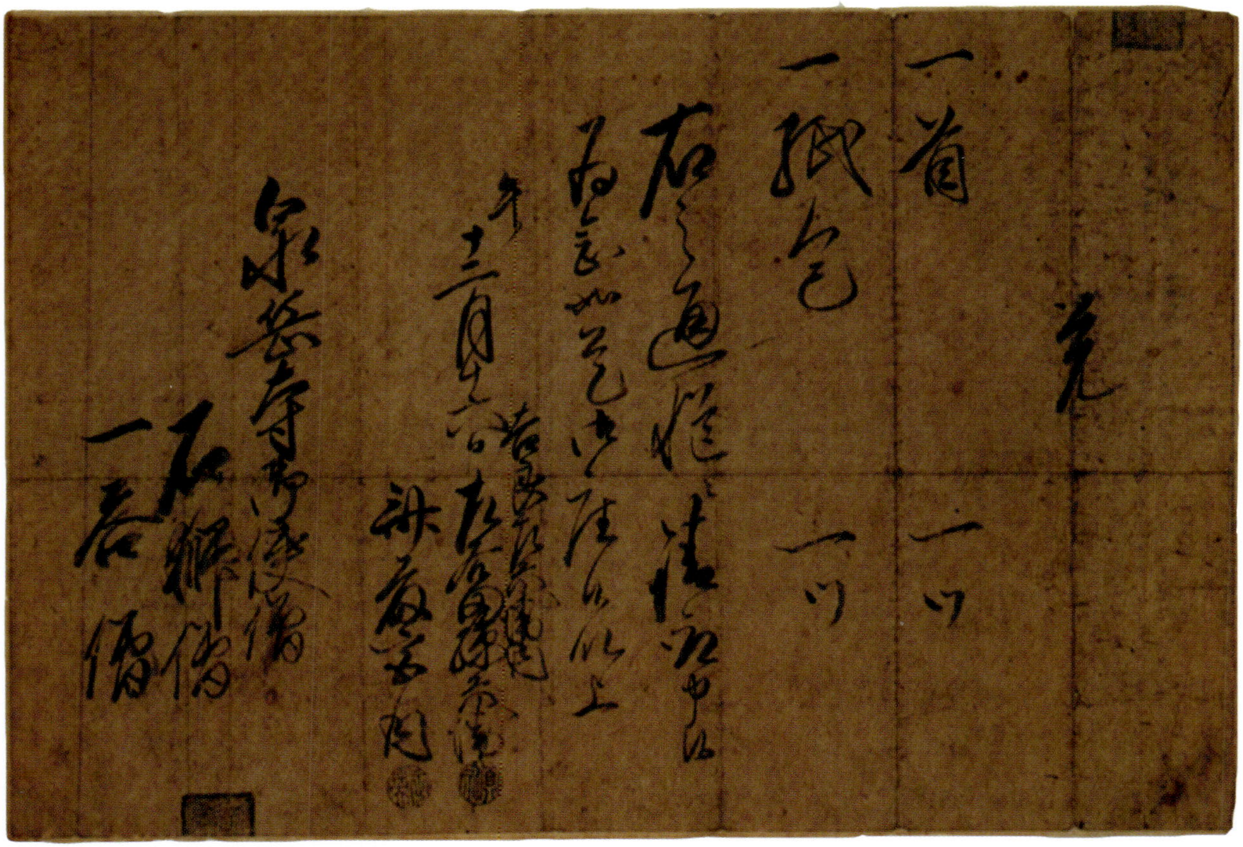

Extrait du serment des 47 rônins. Musée du temple Sengakuji.

À Kyôtô, nous trouvâmes Ôishi debout sur son seuil, appuyé sur le montant de la porte ; comme au jour de notre précédente visite, il tenait dans sa main un flacon de saké. Le teint enflammé, l'œil brillant, il adressait des plaisanteries à toutes les femmes qui passaient, rougissantes, têtes baissées et se hâtant.
Quand il nous vit, il agita la main en signe de bienvenue et, se redressant d'un effort, vint vers nous au lieu de nous faire pénétrer dans sa demeure.
« Mon flacon est vide, dit-il en renversant l'objet. Je vais le faire remplir. Venez avec moi. »
Et nous prenant par le bras, il soutint sa démarche chancelante, et nous guida, tournant bientôt dans une ruelle étroite et déserte.
« Eh bien ! dit-il alors à Hazama. Combien ?
— Quarante-sept, en vous comptant, ont confirmé leur serment. Voici le document. »
À ce moment, Ôishi trébucha, nous entraînant presque dans sa chute. Le rouleau lui fut remis si adroitement que je m'en aperçu seulement par la raideur de sa manche. Il demanda encore :
« Le rendez-vous est bien donné ?
— L'heure, le jour et le lieu sont fixés.
— Pour les armures, lances courtes et sabres, il est bien compris que personne ne s'en préoccupe ?
— C'est entendu. »
Nous étions de nouveau dans une rue fréquentée. Il accentua sa démarche chancelante et nous fit entrer enfin dans une maison de liqueurs. Il y était sans doute bien connu, car l'accueil fut amical.
Ôishi montra son flacon vide. Le patron prit aussitôt l'objet pour le remplir, et sortit. Notre chef, d'un regard, le désigna et dit tout bas :
« Un espion de notre ennemi. Il m'a été bien utile. »
Il ajouta à haute voix :
« Oui, tout me lasse maintenant. Je vieillis, d'ailleurs. Il est temps de songer à ma vie future. J'ai le

projet depuis longtemps d'accomplir un pèlerinage afin d'éviter à mon âme les supplices des seize enfers. »
Le patron, revenu, était debout derrière lui et souriait, semblant dire : « Repentir de buveur !... »
Ôishi continuait :
« Je me suis décidé pour le monastère de Man Fuji, près de Kamakura. L'on dit que le vin y est particulièrement bon. »
Nos éclats de rire parurent l'étonner. Il poursuivit :
« Mes bagages sont déjà prêts, et j'en emporte beaucoup, car j'ai acheté des étoffes et des bronzes que je revendrai en passant par Edo. Que pensez-vous de mon projet ? Je veux devenir marchand. Le métier de samouraï me déplaît : je l'abandonne... »
Pour moi, je pouvais avec peine contenir mes émotions contradictoires. Ainsi, tout était prêt, les armures mêmes étaient commandées, quand je pensais notre cause abandonnée ! L'heure du combat était proche...
Le lendemain matin, peu après avoir quitté la ville, nous dépassâmes une caravane de plusieurs chevaux chargés de grandes caisses. Deux serviteurs la guidaient. Un marchand, chevauchant à l'arrière, vacillait sur sa selle. Je reconnus Ôishi ; j'allai lui parler, mais Hazama éperonna sa monture et passa sans un signe. Je l'imitai.

CHAPITRE XV

Estampe d'Ando Hiroshige (1797-1858).

La neige tombait en flocons pressés, couvrant la terre, emplissant les jardins et courbant les bambous jaunis vers le sol glacé. Les rues blanches et silencieuses étaient vides. Et, dans les maisons bien fermées, les habitants, couverts de leurs plus chauds vêtements, se serraient frileusement autour du *chibachi* de bronze, essayant de réchauffer leurs doigts glacés, la main tendue au-dessus des pâles tisons ensevelis dans la cendre.

Au monastère, celle que l'on appelait désormais simplement Somere-San, et qui avait été la princesse d'Enya, attendait chaque jour l'annonce du meurtre de Kira. Mais les jours se passaient : aucun messager ne venait apporter la nouvelle qui permettrait à l'affligée de mourir en paix.

Amaigrie, pâle et sans fard, elle demeurait assise tout le jour, dans ses blanches robes de veuvage, attendant. Sa dame d'honneur, Matsushima, « l'Île des Pins », respectait cette douleur, ne tentant pas de distraire l'endeuillée : elle veillait seulement à ce que celle-ci ne se privât pas entièrement de nourriture.

Cependant, cette année-là, le treizième jour de la douzième lune, veille de l'anniversaire de la mort du prince d'Enya, une religieuse vint annoncer à Somere-San que le premier conseiller Ôishi demandait à être reçu.

La Princesse eut un geste violent et commença :

« Ce traître... ce lâche ?... Jamais ! »

Elle s'arrête et dit froidement :

« Je consens à le recevoir. »

La dame d'honneur Matsushima introduisit le visiteur, et s'agenouilla sur la gauche de sa suzeraine. Ôishi, prosterné, s'appuyant sur les mains, prononçait les paroles rituelles. Il s'assit enfin, et Somere-San le questionna, comme il est de coutume, sur sa famille, sur ses parents, sur sa vie personnelle.

Il répondit simplement :

« Je viens en réalité saluer pour la dernière fois notre princesse.

— Pour la dernière fois ? répéta-t-elle d'une voix surprise. »
Puis elle ajouta, une lueur dans les yeux :
« Quels sont donc vos projets ?
— J'abandonne en fait la carrière de samouraï et me retire dans un monastère pour y finir mes jours. »
La Princesse eut un sourire ironique :
« Quelques rumeurs nous sont parvenues de la vie d'abstinence que vous meniez à Kyôtô. Mon époux n'avait pas tort de dire que "vous savez". Vous savez goûter le plaisir jusqu'à l'heure du repentir. Nous attendions de vous d'autres exploits, Ôishi-San !
— Ce qui doit arriver ne peut manquer de s'accomplir, répondit énigmatiquement le visiteur. Les circonstances, d'heure en heure, justifient nos prévisions ou bien entravent tous nos plans. »
La princesse, l'écoutant sans le comprendre, sentait monter en son cœur le flux de la colère. Elle dit :
« Ainsi vous nous quittez ? Vous laissez invengée la mémoire de votre Seigneur ? Vous n'avez pas songé à la mort ? »
Ôishi, sous l'outrage, hésita un moment. Allait-il faire allusion à ses projets ? Mais la Princesse était à coup sûr entourée d'espions. Il répondit simplement :
« Notre mort est souvent plus proche que ne le pensent ceux qui nous voient. »
Et comme Somere-San, dans sa colère, faisait un mouvement, il feignit de voir là l'autorisation de partir et se prosterna, disant :
« Je vous enverrai demain les derniers documents relatifs au clan d'Enya, et que je conservais encore. »
Et, saluant de nouveau, il sortit à reculons de la pièce.
Une religieuse se trouvait près de la porte et le reconduisit jusqu'à l'entrée du monastère. En suivant le sentier fraîchement déblayé mais que la neige recouvrait déjà, elle dit :
« Le temps est vraiment bien mauvais pour entreprendre un pèlerinage. Mais vous autres hommes, vous ne craignez rien. »
Il eut un sourire : ainsi elle avait écouté. C'était elle l'espionne de Kira. Il répondit :
« Le monastère où je vais n'est pas très éloigné. Partant cet après-midi, j'arriverai demain sans doute. »
Et, la saluant, il s'éloigna rapidement, disparaissant dans les tourbillons de blancs flocons.

CHAPITRE XVI

Isogai Jurozaemon Masahisa.
Estampe d'Utagawa Kuniyoshi
(1798-1861).

La nuit d'hiver ensevelissait la ville et la campagne sous un silence épaissi par la chute incessante et molle de la neige. C'est à peine si les ombres, qui, vers l'heure du Renard, se glissaient entre les pins de la Colline-du-Printemps, pouvaient distinguer la faible lueur de la lanterne suspendue sous le portique du Sengakuji.

À l'entrée veillait un religieux. Il examinait attentivement le visage de chaque nouvel arrivant, puis disait un mot et comptait à demi-voix. Quand il eut compté quarante-sept, il décrocha la lanterne, ferma le battant et plaça la lourde barre intérieure. Puis il s'en alla vers le monastère et fit le tour du bâtiment, s'assurant qu'il n'y avait aucune trace de pas sur la neige, secouant toutes les portes pour savoir si elles étaient bien fermées, et si les gardes veillaient.

Pendant ce temps, nos 47 conjurés s'étaient rangés dans une salle intérieure entourée d'autres salles vides où des fils légers avaient été tendus et entrecroisés : personne ne pouvait y pénétrer sans ébranler les sonores cloisons de papier.

La demi-obscurité, le silence des conjurés, les graves accents assourdis de la voix d'Ôishi, notre émotion de voir soudain s'approcher l'aurore de notre vengeance, tout nous transportait dans un monde étrange et enthousiasmant. Nous aurions voulu nous prosterner devant notre chef afin d'implorer le pardon de nos soupçons injustes et insultants. Il le sentit sans doute, car il dit :

« Beaucoup d'entre vous ont songé à m'immoler... Que leur loyalisme soit à jamais vanté ! En présence d'un ennemi rusé, un chef doit chercher à tromper même ses guerriers. S'il ne peut décevoir les siens, il ne pourra réussir dans aucune de ses feintes. Kira, me croyant un débauché, a cessé de se garder. Aujourd'hui, il croit que nous avons renoncé à nos serments. Il est perdu. »

Nous ouvrions la bouche pour l'acclamer : il leva la main et continua :

« Hâtons-nous pour ne pas éveiller les soupçons. Chacun trouvera dans cette salle une armure complète et des sabres de trempe choisie. Armez-vous dès maintenant. Mais avant cela, écoutez avec attention notre plan d'attaque. »

Tous les regards étaient fixés sur lui. Il prononça lentement :

« Nous serons divisés en trois corps, chacun sous la conduite de ceux qui ont pénétré dans le *yashiki* et en connaissent toutes les issues, lesquelles devront, en tout premier lieu, être gardées avec soin afin que personne ne puisse s'échapper. Hazama, Hara Mototochi et moi, nous serons ces chefs. Que l'on nous obéisse au moindre geste. Le succès en dépend. Maintenant, je vais vous lire mes instructions. » Il tira de sa manche une feuille de papier que sa famille a conservée. Il lut distinctement :

« 1. *Le signal d'attaque sera donné, quand nous serons placés, par neuf fois trois coups de tambour. Le signal pour se rassembler après le combat, quand Kira sera immolé, sera trois sifflements de fifre.*
2. *Pour nous reconnaître, nous dirons "montagne" et l'on devra répondre l'un des mots : "torrent, boue, eau", qui est le contraire de montagne. Et quand nous dirons "rivière", la réponse devra être : "caverne, coteau, vallée ou pic".*
3. *Quand nous nous serons servis une fois de nos arcs, nous les briserons, afin de ne pas nous blesser les uns les autres dans la confusion.*
4. *Nous devrons éteindre toutes les lanternes et tous les feux afin que l'ennemi ne puisse nous compter.*
5. *Couvrez votre armure, par-devant, d'une gaze jaune clair, afin de vous reconnaître les uns les autres.*
6. *Avant l'attaque, nous boirons du saké chaud avec un médicament afin d'attaquer avec plus d'énergie.* »

Puis il ajouta :
« Demain soir, en cette même heure du Renard, nous nous retrouverons en trois groupes dans trois restaurants différents, afin de ne pas éveiller l'attention sur notre nombre. J'ai déjà retenu des salles chez Horibe Yahe, à l'extrémité ouest du pont des Deux États ; à l'auberge des Trois-Bonheurs dans la rue qui longe le mur septentrional du *yashiki* de notre ennemi ; et dans la maison de Konami, qui est près de l'entrée du palais. Nous feindrons d'être des sociétés de Haikai, réunies pour un concours de poésie. Groupez-vous donc par quinze, et hâtons-nous. »
À ce moment, il déroula une étoffe de soie, qui laissa voir une boîte longue de laque d'or. Il l'ouvrit et en tira le poignard qu'il nous montra :
« Voici l'arme avec laquelle notre Seigneur s'est donné la mort. Elle me servira pour infliger le dernier coup à notre ennemi. »
Et il le passa dans sa ceinture.

En quelques instants, nous avions revêtu nos armures, faites de bandes d'acier bruni retenues par des cordes de soie. Par-dessus, nous avions tous un kimono ou bien un grand manteau de toile huilée. Pendant que nous nous armions, les groupes pour l'attaque se formèrent, les dernières instructions furent répétées. Nous partîmes enfin, un par un, dans la nuit sombre.

CHAPITRE XVII

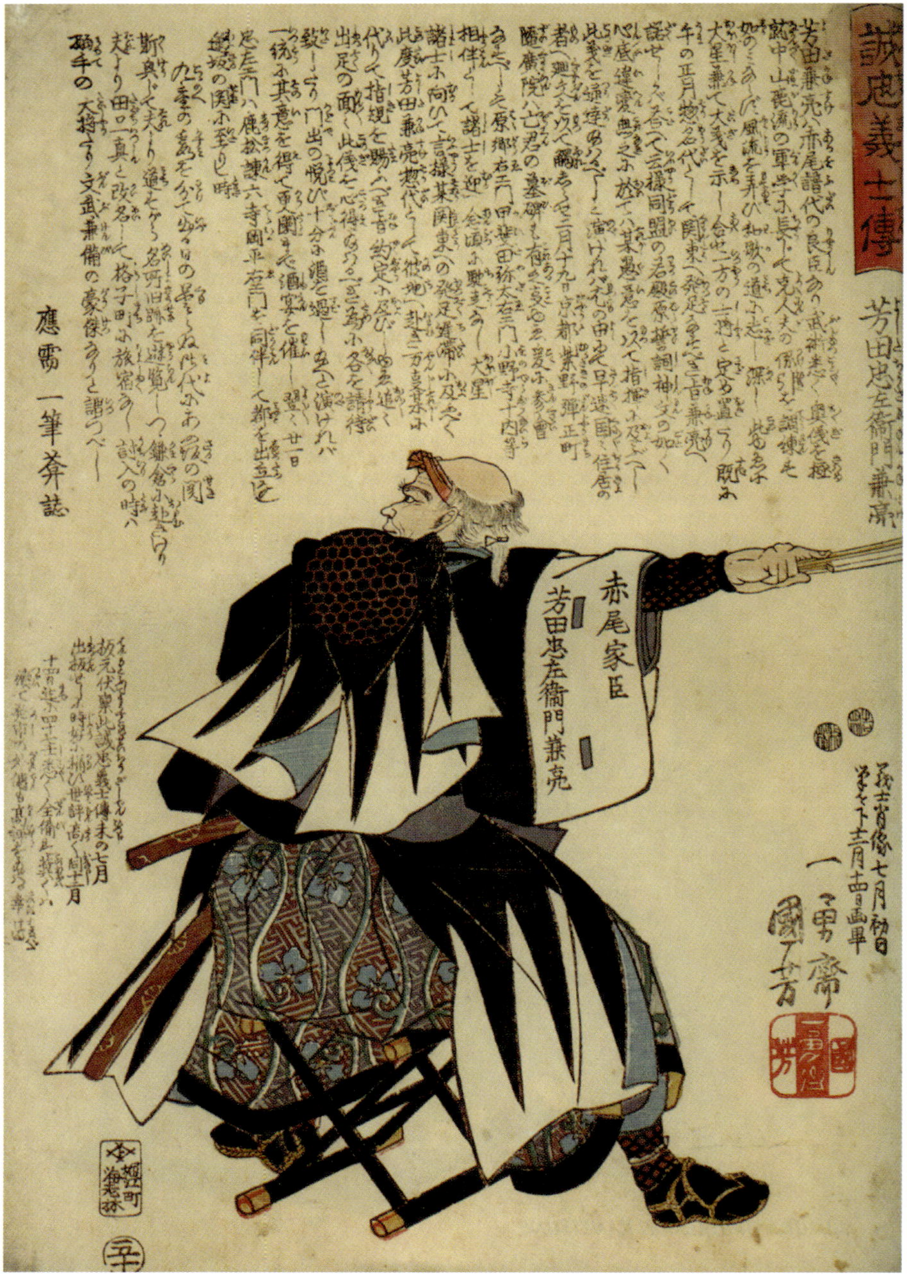

Yoshida Tchyuzaemon Kanesuke.
Estampe d'Utagawa Kuniyoshi
(1798-1861).

Il est peu d'hommes qui n'aient aucun penchant destructeur. Pour les uns, c'est la passion du jeu ; pour d'autres, la luxure, le goût du vin ou bien la colère. Les malheureux affligés d'un de ces défauts se laissent généralement ruiner par lui. Bien rares sont les habiles qui savent maîtriser leur vice, ou même l'utiliser pour servir leur cause. Il convient donc de citer spécialement celui qui est maintenant et pour jamais l'une des gloires de notre divine nation, l'illustre Akaigaki Masakata, « la Palissade Écarlate », que ses ennemis appelaient Akaihana, « Nez Rubicond », mais que ses amis et sa famille avaient surnommé Rangura, « le Trésor Obscurci », à cause des grandes vertus cachées sous l'opprobre de son déplorable penchant.

Ses parents étant morts peu après sa naissance, il avait été élevé par son frère aîné nommé Chihata qui le considérait comme un fils et se désolait de voir ses qualités chaque jour plus voilées et son défaut plus apparent. L'épouse de Chihata, ne jugeant que sur les apparences, marquait le plus complet mépris pour son beau-frère et s'étonnait à tout propos que le *daimyô* d'Enya, élégant, raffiné, et le Premier Conseiller, Ôishi, d'une sagesse renommée, pussent conserver dans leur garde un guerrier dont l'aspect leur faisait si peu d'honneur.

Elle évitait le plus possible de voir son beau-frère, prétextant soit une maladie, soit une occupation pressante, pour refuser de le recevoir quand il demandait à la saluer. Elle avait même usé de toute son adresse pour obtenir que son mari interdise l'entrée de la maison à celui qu'elle appelait « l'homme au flacon de saké ».

Chacun riait donc d'Akaigaki et pensait que le *daimyô* le gardait par charité. Et lui, dans son dévouement profond, acceptait le mépris dont sa réputation était entachée. Il se soumettait sans un mot aux outrages et aux railleries.

Nul ne savait la vérité. Quand, jeune homme, il s'était donné comme samouraï au clan d'Enya, son goût pour la boisson était déjà son unique plaisir. Mais alors il ne s'y adonnait jamais de manière à ne pouvoir accomplir ses devoirs. Gardant son attention éveillée, son énergie entière, il savait mesurer ses libations selon les circonstances. En ce temps-là, personne, à le voir, n'aurait jugé qu'il buvait plus que de raison.

Or, un jour, au retour d'une expédition victorieuse, il jugea que ses services ne seraient pas requis jusqu'au prochain lever du soleil. Il convia donc quelques amis et se livra sans la moindre retenue à son goût favori, si bien que ses convives le quittèrent sans qu'il pût faire un mouvement, alors qu'il aurait dû les accompagner jusqu'au seuil.
À ce moment, un écuyer vint l'inviter à se rendre à l'instant même avec ses armes devant le Premier Conseiller, afin de recevoir des instructions pour une mission immédiate. Akaigaki, fouetté par le sentiment du devoir, fit un effort désespéré et se releva. Il ajusta tant bien que mal son casque et son armure et, titubant, les yeux vagues, se présenta devant son chef. Celui-ci feignit de ne pas remarquer cet état singulier, et lui donna ses ordres. Il s'agissait de monter à cheval sur-le-champ et d'aller s'assurer des intentions d'un groupe armé dont la présence avait été signalée au delà des collines.
Or un buveur troublé fait rire. Qui songerait à se méfier d'un homme qui ne peut marcher droit, et dont la bouche pâteuse donne à chaque mot, prononcé avec difficulté, une prononciation inattendue ? Chacun se juge invisible par-delà les fumées de son ivresse. L'on rit, l'on parle devant lui sans songer à se garder.
Il en fut ainsi ce jour-là. Akaigaki, cependant, par un effort héroïque de volonté, maintenait son attention et sa mémoire en éveil. Il regardait, il écoutait. À son retour, il sut répéter exactement chaque mot et chaque geste de ceux qu'il avait visités.
Pendant qu'il parlait, Ôishi l'observait avec soin, et lui dit avec satisfaction :
« Personne n'aurait pu obtenir les renseignements que vous me donnez. L'on vous a cru faible, et vous êtes fort. L'on vous a jugé aveugle et sourd : vous entendez et vous voyez mieux que quiconque. J'ai voulu vous essayer, ainsi qu'un bijoutier essaye de l'or. Vous êtes réellement précieux. De vous, jusqu'à ce jour, j'attendais seulement le sacrifice de votre vie ; je vous demande aujourd'hui davantage : si vous aimez boire, buvez et ne craignez pas de vous laisser voir sous les aspects que tout samouraï cache avec soin. Gardez seulement la lame de votre esprit aussi claire que la glace, dans le fourreau vil de votre corps où l'on penserait trouver un sabre rouillé. Consentirez-vous, pour notre cause, à vous déshonorer aux yeux de tous, à ne rencontrer désormais que mépris et affronts ? »
Akaigaki se prosterna, s'appuyant sur les mains :
« Quand un samouraï se donne, il ne fait pas, comme un marchand, cent subtiles réserves. Le succès de notre cause importe seul. Je dois être fier que vous me jugiez digne de remplir ce rôle difficile. »
À partir de ce jour, au grand chagrin de Chihata, l'on ne vit plus Akaigaki sans son flacon de grès. Il passait toutes ses journées dans les pavillons de liqueurs, chantant, plaisantant, ou bien assoupi, la tête branlante.
Son frère aîné, honteux de le voir mal vêtu, lui donnait-il des kimonos neufs, le buveur se hâtait de les vendre pour acheter du saké. Les suivantes mêmes de Chihata, à l'exception toutefois d'une d'elles, se moquaient ouvertement de l'infortuné quand il venait, titubant, saluer son frère ou sa belle-sœur.

Sa honte devint publique, et nul n'osait plus mentionner ses qualités.
Or, en cette année, au treizième jour de la douzième lune, l'hiver tardif s'établit soudain. La neige, tombant en épais flocons, recouvrit campagne, maisons et rues. Le vent du nord soufflait un froid aigu qui pénétrait à travers les fourrures comme des aiguilles de glace.
Akaigaki, selon sa coutume, avait combattu le froid par le saké ; mais il n'avait guère réussi, car son visage était écarlate et bleu sous son chapeau mal posé dont le cordon était brisé. Devant la porte de son frère, il secoua la neige entassée sous les planchettes de ses *geta*. Une servante l'entendit et vint ouvrir la porte. Les premiers mots du visiteur furent pour demander à boire :
« Ce froid est mortel. Comment pourrait-on le combattre sans saké ! »
La servante lui offrit de faire tiédir un peu de liqueur. Mais, sans attendre, il sortit sa bouteille et la lui offrit :
« Buvez, dit-il, vous vous chaufferez ainsi plus vite que vous ne feriez chauffer la liqueur. »
La suivante éclata de rire, le fit entrer. Chihata était sorti et ne devait pas rentrer avant le milieu de la nuit. Alors le buveur parut se recueillir et demanda d'un air sérieux :
« Je vais vous prier de transmettre mes paroles à mon frère. Faites grande attention, et n'oubliez rien. »
La suivante, impressionnée, inclina la tête. Alors il continua :
« Depuis que je suis au monde, mon frère m'a toujours accueilli avec des sentiments mille et dix mille fois plus grands que mon mérite. Il m'a supporté malgré son mépris pour mon vice, et bien que son amertume à mon sujet fût profonde. Or, aujourd'hui, je pars pour rejoindre un seigneur qui m'appelle dans ses états vers le couchant. Je ne verrai plus votre maître : dites-lui que sa pensée ne me quittera jamais. Même après ma mort, le souvenir de sa générosité fera partie de mon ombre. »
Il s'arrêta un moment la voix enrouée par l'émotion. Puis il insista encore :
« Répétez bien cela, mot pour mot, sans rien oublier. »
Il se redressa enfin et voulut nouer son chapeau, dont le cordon n'était plus là, et le fit tomber. Il se penchait pour le ramasser. La suivante l'en empêcha et prit un chapeau neuf de Chihata, en disant :
« Le Maître nous a donné l'ordre de vous traiter toujours comme il le ferait s'il était présent. Prenez cette coiffure. La vôtre sera réparée quand vous reviendrez.
— Cet élan de son cœur, dit Akaigaki, est pour moi plus doux que le souffle du printemps. Je souffre davantage de ne pas le voir avant de partir pour longtemps. Mes compagnons de route m'attendent cependant, je ne peux demeurer davantage. »
Et il partit, oubliant son flacon de grès. La neige effaça la trace de ses pas et engloutit même son ombre mouvante.
Quand Chihata revint au milieu de la nuit, son épouse lui dit :
« Akaigaki est venu aujourd'hui. Il a prié la suivante de vous répéter ses paroles. Mais elle n'avait pas bien compris. Il a bu, a plaisanté. Elle a ri. Il a laissé son flacon et son vieux chapeau. »

Chihata sourit amèrement.
« La situation du clan d'Enya n'est pas faite cependant pour susciter le désir de boire et de se réjouir. Mon pauvre frère est dégradé par la boisson. Et pourtant, je ne puis croire que ce grand cœur soit entièrement noir. Il y a quelques jours, en rentrant, je le trouvai endormi, la main sur la poignée de son sabre. Le bruit de mes pas l'éveilla. Il dégaina son arme d'au moins cinq pouces avant d'avoir ouvert les yeux. Sa lame était plus claire que la glace, polie comme un miroir. Il se garde et son âme est prête. Il n'a donc pas oublié les devoirs d'un samouraï. »

CHAPITRE XVIII

Nakamura Kansuke Masatoki.
Estampe d'Utagawa Kuniyoshi
(1798-1861).

LE JOUR hivernal s'assombrissait, gris perle puis gris cendre. Dans la chambre isolée, au fond de la maison de Hazama, Ôishi, assis sur les nattes devant une table basse, écrivait. Son pinceau traçait rapidement les lignes :

« Ô mon épouse ! Depuis que vous êtes venue dans ma famille, je vous dois les six septièmes de mes joies. Mes larmes de regret ont été incessantes depuis que je vous ai quittée. Le froid glacial de la séparation a transi mon cœur, lorsque, par fidélité pour notre Seigneur, j'ai dû trancher le lien de notre union.

Et cependant, comme une lourde perle garde toujours son orient lumineux, vous avez, je le sais, conservé votre amour pour votre époux. L'humanité entière s'exalte à se redire votre grande gloire.

Nulle action ne pouvait convaincre davantage notre ennemi de ma dégradation, que celle de quitter une épouse telle que vous. Sans un mot, vous l'avez sans doute compris, et la joie de préparer notre vengeance a dû vous donner, comme elle l'a fait pour moi, la force de supporter notre chagrin. Votre fils aîné est auprès de moi. Nous parlions de vous, en un mot ou deux, quand nous étions sûrs d'être seuls. Il comprenait mes sentiments muets : je savais ce qu'il pensait de vous.

Réjouissez-vous : notre longue épreuve est terminée. Dans quelques heures, Kira aura cessé de vivre. Sans doute, plusieurs des héroïques conjurés, moi-même peut-être, nous aurons succombé dans la lutte. Mais l'injustice faite à notre clan sera réparée. Notre honte se transformera en une gloire sans fin. Car nulle renommée jamais n'égalera celle de braves qui sacrifient leurs sentiments et leur vie afin de faire régner la Justice et l'Honneur.

Et si, ce soir, la mort nous épargne, il est certain qu'elle nous atteindra dans quelques jours : le massacre de Kira et de toute sa famille, l'incendie de son yashiki *sont des offenses trop graves pour être pardonnées.*

Le souvenir de votre visage loyal, la pensée de votre pur et grand dévouement d'épouse et de mère m'ont soutenu et me soutiennent encore dans ma résolution. Soyez fière de vous-même : je ne serais pas ce que je suis, si vous n'étiez pas ce que vous êtes.

La nouvelle de notre victoire vous parviendra peu après que vous aurez reçu cette lettre. Votre souvenir sera ma dernière pensée. »

Les yeux fixes, sans relire, il roula la bande de papier et la scella de son cachet. Puis il frappa dans ses mains. Un vieil écuyer, au visage marqué de plusieurs blessures, entra et s'agenouilla.
« Mori, lui dit Ôishi à voix basse, je vais te confier cette lettre et trente *ryô* d'or. Tu partiras sur-le-champ pour les remettre à mon épouse.
— Partir? interrogea Mori. Partir avant... avant demain? Je ne serai pas, comme de coutume, à vos côtés?
— Non. Pour nous, il ne s'agit pas de combattre mais de mourir. Seuls les conjurés seront là. »
L'écuyer se prosterna. Mais Ôishi, secouant la tête, dit encore :
« Songe que je puis disparaître sans laisser à mon épouse la preuve que son divorce infamant n'était qu'une ruse. Toi seul auras l'énergie et le courage de résister à ceux qui voudraient t'enlever ce document et prévenir Kira. Ton départ est nécessaire pour notre victoire. »
Mori, ne pouvant insister, se prosterna, reçut la lettre et le paquet d'or, se releva et sortit.
Ôishi, alors, alla pousser un panneau au fond de la pièce. Un large espace était libre jusqu'au mur et, dans cet espace, plusieurs caisses étaient entassées. Le samouraï vérifia leurs fermetures, remplaça quelques cachets abîmés, puis il s'assit de nouveau devant sa table basse et écrivit :

> *« Ô Précieuse Mère ! Votre époux, notre Seigneur, sera vengé, et beaucoup d'entre nous, sans doute, seront morts quand vous recevrez cet envoi. Peut-être même saurez-vous déjà notre victoire.*
> *Avant de quitter les régions du Soleil, il convient que je vous remette les derniers biens du clan. Je les avais gardés, étant le seul chef d'Enya, afin de préparer notre vengeance. Ils sont inutiles maintenant : notre but est proche.*
> *Dans la caisse marquée "livres", vous trouverez le compte exact de nos dépenses, et ce qui reste de notre trésor, c'est-à-dire neuf mille* ryô *d'or.*
> *Trois autres caisses contiennent les objets précieux que j'ai enlevés avant d'incendier la forteresse d'Enya.*
> *Je garde le poignard avec lequel notre Seigneur s'est tranché les entrailles : il ouvrira dans le corps de Kira la grande voie par où l'âme s'échappe.»*

Il relut soigneusement, roula le papier et le scella. Puis il appela encore une fois en frappant dans ses mains. Un second écuyer, qui veillait dans la pièce voisine, entra presque aussitôt.
« Makusuke, dit alors Ôishi, vois-tu ces quatre caisses ? Vois-tu cette lettre ? Demain, dès que le jour poindra, tu les feras porter au monastère de l'Aroyama et tu les remettras à notre Princesse. »
L'écuyer inclina la tête. L'autre poursuivit :
« Nul, jusqu'à demain, ne doit approcher de ces caisses ; nul ne doit lire cette lettre. Tu veilleras dans cette pièce et tu combattras jusqu'à la mort ceux qui voudraient s'en saisir.
— Vos ordres seront exécutés, honorable maître. »

Alors Ôishi, aidé de son écuyer, acheva de s'armer soigneusement, passant ses jambières et ses brassards en épaisses cottes de maille, resserrant les liens de son armure. Puis il enveloppa son casque d'une large étoffe et posa par-dessus un vaste chapeau. Il s'enveloppa dans un manteau de toile huilée, et sortit.

Okuda Sadauemon Yukitaka.
Estampe d'Utagawa Kuniyoshi
(1798-1861).

CHAPITRE XIX

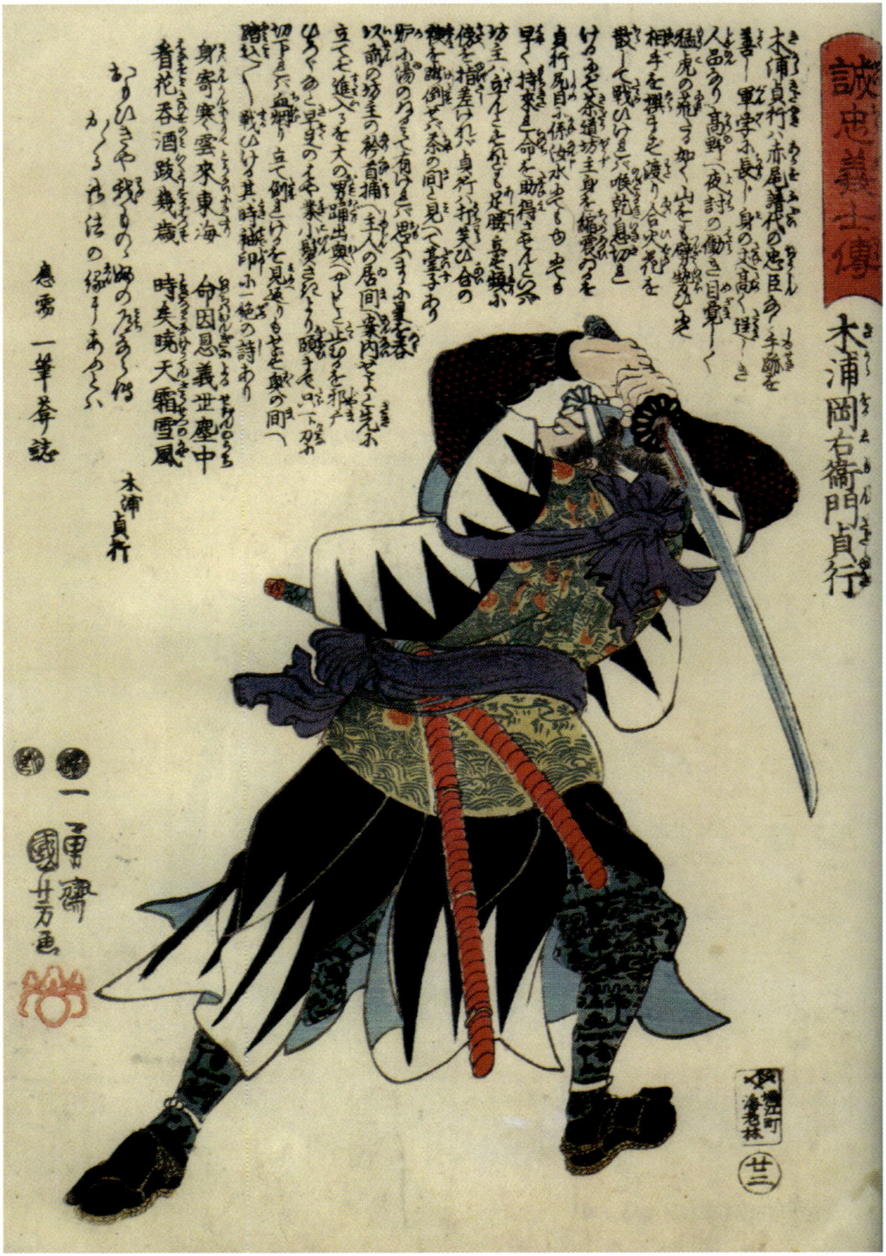

Kimura Okauemon Sadayuki.
Estampe d'Utagawa Kuniyoshi
(1798-1861).

Il est parfois malaisé de discerner clairement notre voie parmi plusieurs devoirs contradictoires. Devais-je avertir mon épouse que bientôt mon ombre seule reviendrait auprès d'elle ? La vue et le souvenir de sa douleur n'affaibliraient-ils pas mon élan ? Et pourquoi lui infliger ce tourment à l'avance ? Puisque je ne pouvais lui éviter ce coup, mieux valait du moins le retarder encore.

Les ombres de la nuit berçaient la ville entière, assoupie déjà. Dans les rues noires tapissées de neige blanche, rares étaient les sautillants cercles lumineux des lanternes portées par les passants.

Appesanti par mon souci, j'avançai lentement et sans bruit, m'arrêtant enfin devant notre maison. Sur les panneaux à demi éclairés, une ombre noire passait et repassait. La silhouette de grandes aiguilles se dessinait même par instants. Dans le silence nocturne, je distinguais la chanson fredonnée par Sagaiya pour bercer notre bébé. La vieille tante était endormie, sans doute. Dans la maison, ma jeune épouse était seule... Seule, elle le serait demain bien davantage !

Je poussai la porte de bambou de notre enclos. Au gémissement des gonds, l'ombre disparut et, presque aussitôt, du haut des marches, une voix douce me salua, ajoutant :

« Daignez ne pas faire de bruit, honorable époux. Votre fils dort. »

Dans l'obscurité, une main caressante me guidait vers la porte et me faisait entrer. Au milieu de la pièce, la lanterne suspendue sur son piédestal jetait une clarté particulièrement douce sur les blancs tatamis immaculés et, tout au fond, sur les couvertures aux vives couleurs d'où sortait la tête rasée de l'enfant.

Sous le cercle de la lumière, un plateau était posé sur les fraîches nattes. En un instant, mon épouse courut vers la cuisine et revenant avec précaution, eut disposé les bols chargés de nourriture pour notre souper.

J'affectais de rire et de plaisanter. Mais l'on ne saurait tromper un cœur aimant. Sagaiya m'observait en silence. Elle dit enfin :

« Honorable époux, quel est donc le grave souci qui vous oppresse ? »
Et comme je me taisais, elle poursuivit :
« Votre commerce, au lieu de nous laisser d'importants bénéfices comme de coutume... »
Elle vit mon regard et n'acheva pas.
« S'il ne s'agit pas de soucis d'argent, c'est donc que vous êtes fâché contre moi. Ai-je commis, sans le savoir, quelque faute ? »
Que pouvais-je répondre ? Devant mon silence, son inquiétude grandit. Des larmes emplirent ses yeux. Elle murmura :
« Je devine. Lassé de ma laideur et de ma sottise, vous avez décidé de me donner une lettre de divorce et de prendre une autre épouse. »
Indigné, je protestai, et mon accent la convainquit. Ne pleurant plus, mais non calmée, elle essuya délicatement la trace de ses larmes avec un coin de ses longues manches. Puis elle m'interrogea d'une voix plus ferme :
« Si votre commerce n'est pas en jeu, si notre amour demeure entier, c'est alors qu'un danger vous menace. La mère de votre fils ne doit rien ignorer. Fille et épouse de samouraï, je n'ai peur ni des autres, ni de moi-même. De quoi s'agit-il ? »
Son clair regard avait la fermeté calme de la vraie bravoure. Je dis simplement, à voix très basse :
« Ce soir, les conjurés attaquent le palais. Si je ne péris pas en combattant, je suis assuré du moins d'être condamné. Il faut donc que je vous laisse seule, sans autres ressources que nos maigres profits et la pension que vous servira notre Princesse. La douleur de vous quitter me déchire le cœur plus que ne pourraient le faire les sabres de nos ennemis. »
Elle pâlit, mais sans faiblir, semblant réfléchir. Elle dit enfin :
« Ma mort vous donnerait de nouveau toute votre énergie, assuré que vous seriez alors de ne rien laisser derrière vous. Mon père m'a, dès l'enfance, appris qu'il est aisé de se donner la mort. Mais il m'a fait comprendre aussi qu'il faut savoir, en certains cas, se refuser la douceur du trépas. Votre fils doit vivre afin que votre famille, désormais illustre, puisse conserver la tradition de votre gloire et maintenir toujours étincelant le flambeau de votre souvenir. Nulle autre que moi ne saurait lui enseigner les devoirs que nous impose le *bushidô*. Nous vivrons en l'incessante présence de votre bravoure, et votre fils sera digne de vous. »
Le breuvage fortifiant de ces nobles paroles dissipa d'un coup ma pesante angoisse. Elle vit mon regard chargé d'amour et d'estime. Le rose revint un peu à ses joues.
J'allais parler de nouveau : le grincement de notre porte m'interrompit. Des pas crissèrent sur la neige de l'enclos. Un doigt frappa discrètement au panneau. Une voix sourde dit :
« Voisin, l'on vous attend pour le festin. On commencera sans vous si vous ne venez pas. »

D'un bond, je fus debout. Un regard encore dans les yeux de celle que je ne reverrais plus... Puis la porte se ferma sur la pièce tranquille où, sous la blanche lumière voilée de la lanterne, mon épouse allait désormais vivre seule avec mon fils.

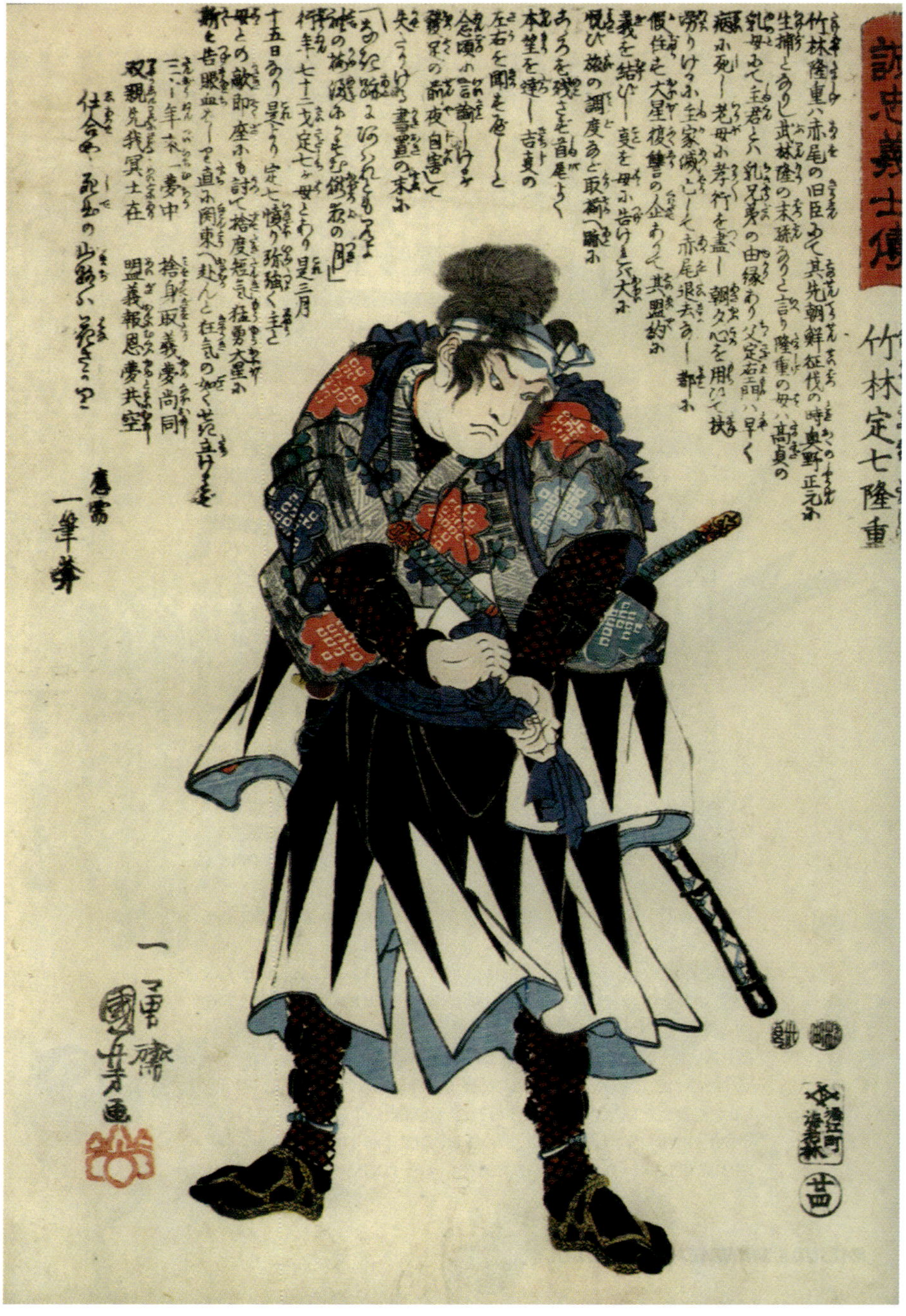

Takebayashi Tadashitchi Takashige.
Estampe d'Utagawa Kuniyoshi
(1798-1861).

CHAPITRE XX

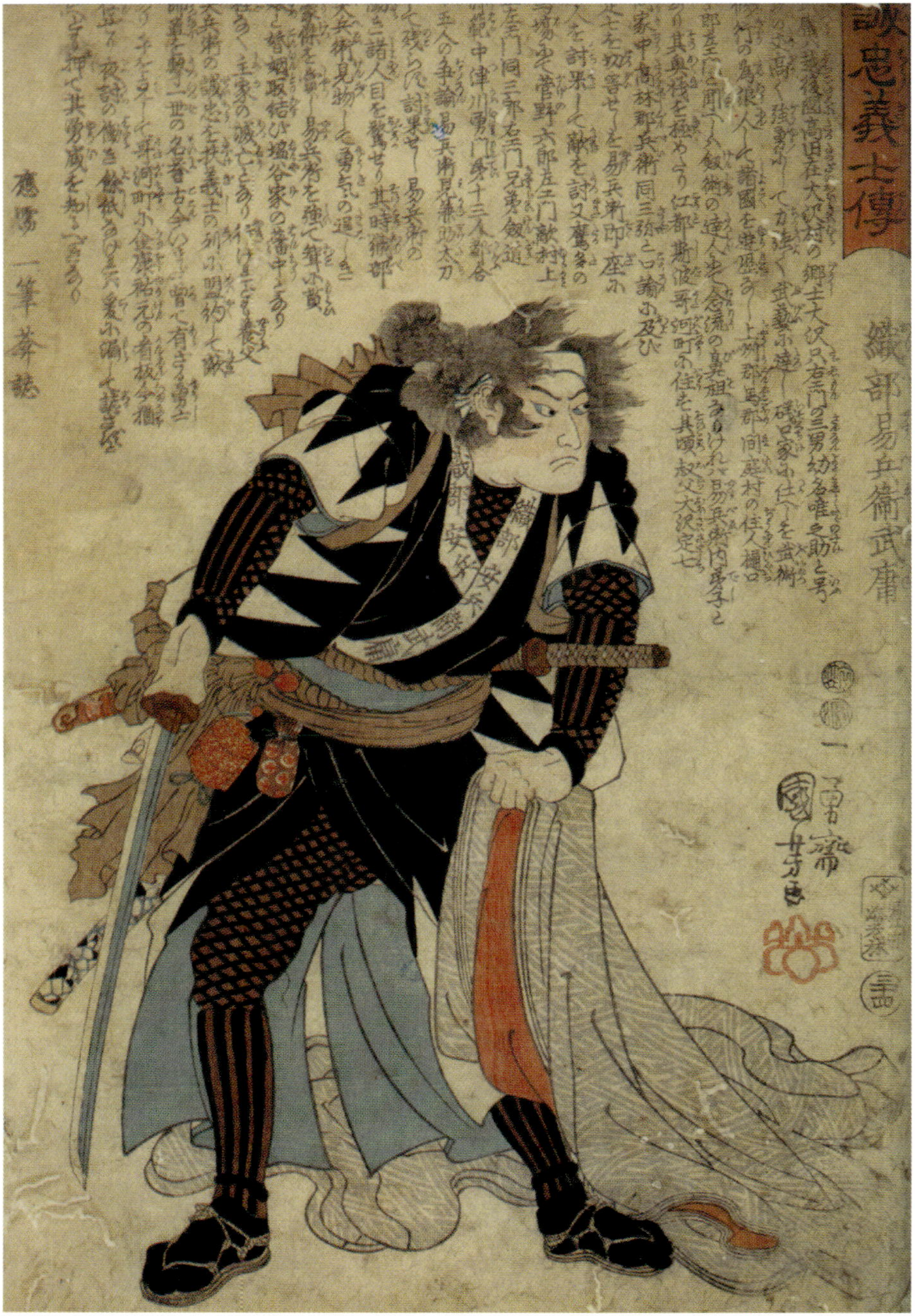

Horibe Yasubei Taketsune.
Estampe d'Utagawa Kuniyoshi
(1798-1861).

Hara Mototochi m'ayant désigné pour faire partie de sa troupe, ce fut vers le restaurant des Trois-Bonheurs que me guida Kanzari. Aveuglé par la tourmente de neige, le cœur déchiré d'avoir abandonné mon épouse et mon enfant, je gardai le silence pendant notre marche. Comme nous apercevions déjà les lumières du restaurant, Kanzari me pressa le bras et me dit à l'oreille :

« Il est convenu, pour expliquer nos armes, que nous partons pour servir un seigneur de l'Ouest. La tempête retarde notre marche. Mais nous nous mettrons en route avant minuit, même si elle n'est pas apaisée. Un samouraï ne recule pas devant les éléments. »

Dans une grande pièce, à l'étage, nos dix compagnons étaient assis sur les nattes jaunies. Des plateaux chargés de bols de nourriture étaient placés devant eux. Le festin durait depuis quelque temps déjà. Personne ne sembla remarquer mon retard. En pareil cas, il n'est pas de parole qui ne soit une offense. Nous nous assîmes en silence, pendant que les coureurs-de-salle plaçaient devant nous un plateau de bols fumants, et nous versaient une coupe de saké bien chaud que nous vidâmes d'un trait.

Nous avions déposé nos armes à portée de la main et dénoué les cordons de nos casques, quand Hara Mototochi poussa vers moi une table à écrire et me dit :

« À votre tour, Terasaka-San. Nous faisons un concours de poésie. Écrivez-nous un *uta*. »

De mon cœur surchargé de douleur, avide de vengeance, monta aussitôt un poème que je chantais tout en l'écrivant :

« Sous la neige glacée.
Le pin vigoureux s'incline pour un temps.
La neige fondra... Quand ?
Au soleil de demain. »

Des applaudissements éclatèrent, doux pour la vanité.
« Nous avons trouvé notre maître, s'écria Hara. Mais ce chef-d'œuvre m'a inspiré. Donnez-moi vite le pinceau. »
D'un seul mouvement de la main, il lia les traits rapides et lut d'une voix chantante :

« Dans la sombre nuit,
Tous les oiseaux se taisent.
Ce triste silence finira... Quand ?
Au chant de gloire du rossignol. »

À côté de moi se trouvait assis Horibe Kanamaru de qui, un mois plus tôt, j'avais fêté la soixante-dixième année. Fils cadet d'un *daimyô* du Nord, il avait l'extraordinaire vitalité de sa race. C'est à peine, malgré son grand âge, si ses cheveux grisonnaient. Sa force et son agilité semblaient ne jamais devoir diminuer.
Cependant les races du Nord ne sont pas lettrées. Aussi ne fus-je pas étonné de voir Horibe se pencher vers son voisin et de l'entendre demander d'une voix mécontente :
« Que trouvez-vous d'admirable dans ces poèmes ? Je ne songe qu'à notre voyage et ne comprends rien. »
Son voisin ne sourit pas : l'ignorance qui désire une explication est respectable. Il est aussi lâche d'abuser de sa science que d'abuser de sa force. Il répondit donc :
« Les sapins vigoureux penchés sous la neige glacée, c'est notre clan ployé sous son infortune. Le soleil qui fondra demain la neige...
— C'est notre victoire, interrompit le vieux guerrier. J'ai compris. L'image est admirable, en effet. Et nous sommes sans doute les oiseaux dans la sombre nuit...
— Je verrais plutôt là une image du peuple qui, dans la nuit noire de l'injustice, attend que s'élève le chant des vengeurs. »
Horibe hocha la tête :
« Les mots et les phrases sont trop subtils. Je comprends seulement les poèmes que l'on trace de son sabre dans la chair de son ennemi.
— Puissiez-vous en écrire bientôt tout un volume ! s'écria son voisin. »
Sur quoi Horibe éclata d'un gros rire auquel nous nous joignîmes, levant nos coupes vers le vieillard.
Cependant, le propriétaire, qui, debout près de la porte, avait entendu nos poèmes, s'avança vers Hara et dit, en s'agenouillant :
« Seigneurs, l'œil exercé du chasseur ne confond pas les aigles avec les corbeaux. Ma famille a fait partie autrefois du clan d'Enya. En vous voyant, j'ai reconnu des héros. C'est pourquoi, par prudence,

mes deux fils seuls vous ont servis. Je vous prie de me couvrir d'honneur en acceptant de boire ce flacon vénérable de saké, le meilleur qui soit dans la ville. Je l'ai gagné dans un tournoi de poésie. »
Hara le regardait avec attention. Il s'inclina quand l'hôte se tut, et répondit aussitôt :
« Votre offre honorable est d'un très heureux présage pour notre entreprise. Nous l'acceptons avec reconnaissance. Mais nous vous demandons une faveur : puisque vous êtes poète, daignez nous honorer en buvant avec nous et veuillez nous chanter le poème auquel nous devons ce vénérable saké. »
L'hôte inclina la tête à plusieurs reprises, les mains appuyées sur le sol :
« Je n'oserai boire avec des héros. Quant à mon poème, il ne vaut guère le prix qu'il a remporté...
— Je vous prie néanmoins de nous le faire entendre. Il est à coup sûr remarquable. »
L'hôte se recueillit un moment, et répondit :
« Il est remarquable seulement en ce qu'il prophétise le triomphe du courage sur le nombre et s'applique très heureusement à votre voyage. Le voici :

Dans le grand ciel clair,
Quel oiseau chante le plus haut ?
C'est l'alouette. »

Joyeux de la victoire ainsi promise, nous prolongeâmes nos applaudissements, pendant que Yahei, souriant et fier, se levait et versait à chacun de nous une coupe de la précieuse liqueur.
Nous bûmes en silence. Hara, le premier, posa sa coupe et, reprenant le pinceau, écrivit rapidement quelques lignes sur la bande de papier où s'alignaient nos poèmes. Puis il la tendit à notre hôte qui lut :
« *Composés, par une nuit neigeuse, le quatorzième jour de la douzième lune, par douze rônins d'Enya, en compagnie du poète Yahei Minochita.* »
Avec un sourire de fierté, il s'inclina plusieurs fois, murmurant des confuses paroles de remerciement.
Cependant, sur un signe de notre chef, nous nous étions tous levés et nous resserrions nos armures, faisant jouer nos sabres dans leurs fourreaux, et nouant soigneusement nos casques.
Si près d'attaquer, nous n'avions plus besoin des grands manteaux sous lesquels nous avions dissimulé nos armes pour venir. Nous les laissâmes donc.
Quelques minutes après, la porte s'était refermée sur notre petit groupe. Nous étions seuls sous la noirceur du ciel, sur la blancheur de la neige.

Kayano Sanpei Shigezane,
un rônin qui se suicida
juste avant l'assaut.
Estampe d'Utagawa Kuniyoshi
(1798-1861).

CHAPITRE XXI

Les rônins attaquent le palais de Kira.

DANS LE FROID silencieux et l'obscurité profonde, nous suivions notre chef. La neige crissait en s'écrasant sous nos pas. Parfois une arme cliquetait contre une cuirasse. Aucun autre bruit ne troublait le repos nocturne. Nous marchions l'un derrière l'autre distinguant à peine, dans l'ombre, l'ombre plus noire que nous suivions de près.

Bientôt nous nous arrêtâmes au pied du mur qui bordait à l'arrière le *yashiki* du Ministre. Hara, parlant à notre oreille, nous fit remarquer une grosse branche de pin qui dépassait le faîte de la muraille. Il attacha solidement un gros fil au manche de sa courte lance et la lança comme un javelot par-dessus la branche, au ras du mur. Au fil était nouée une forte corde à nœuds qu'il tira.

Comme j'étais le plus jeune et le plus léger, je fus choisi pour grimper sur le mur, attacher la corde à la branche en dehors du mur et en nouer une seconde à l'arbre, afin de nous permettre de descendre aisément dans l'enceinte.

Le grand pin, à l'intérieur, poussait entre deux bâtiments et fermait un recoin si sombre, si bien abrité, que, descendant, je proposai de nous y masser dès maintenant, afin d'être prêts pour attaquer sans retard. Hara, sur ma description, acquiesça. Aussitôt l'escalade commença, en silence et avec calme. En peu de temps nous étions à l'intérieur du mur, au pied du pin.

Serrés les uns contre les autres, nous osions à peine respirer par crainte de donner l'alarme. Mais nous fûmes bientôt rassurés.

Dans le palais, pas un bruit. Pas une lumière sous la ligne sombre des toitures chargées de neige.

Hara nous expliqua la position des bâtiments. À gauche et au fond dormaient les gardes. Devant nous et un peu à droite était le but de notre groupe, le pavillon où vivait notre ennemi. L'ordre était de nous y précipiter, de forcer les deux seules portes y donnant accès sur la cour, et d'empêcher quiconque d'entrer ou de sortir de ce côté, tout en courant aussitôt vers la pièce où nous espérions trouver Kira. Il était, bien entendu, interdit de frapper les femmes ; mais tous les descendants mâles de notre ennemi devaient être massacrés sans pitié.

Le silence enveloppa de nouveau notre petite troupe, glacée peu à peu par le froid de la nuit. L'attente se prolongea, interminable, inquiétante.
Que se passait-il donc ? L'heure du Tigre était écoulée sans nul doute. Les deux groupes de nos conjurés attendaient-ils quelque signal de notre part ? Ôishi n'avait-il pu forcer l'entrée principale ? Et Hazama Mitsuoki, dont la troupe devait escalader les murs en un autre point du palais, avait-il renoncé à son entreprise ?
Nous sûmes, depuis, que les deux groupes avaient, comme nous, passé la soirée dans un restaurant voisin du palais, disant être en chemin pour la résidence d'un seigneur auprès duquel ils avaient trouvé bon accueil. Ils avaient feint de s'enivrer... et sans doute Akaigaki avait-il montré le nombre de coupes qu'il pouvait boire sans tomber.
Ils s'étaient querellés, et leurs hôtes avaient dû les prier très respectueusement de ne pas attirer chez lui les rondes de garde, et d'aller terminer ailleurs leurs discussions. Ils avaient alors disparu dans la nuit glacée. Mais avaient-ils réussi comme nous ? L'incertitude autant que le froid nous faisait trembler.
Brusquement, le calme de sépulture qui pesait sur la ville fut rompu. Des roulements de trois coups de tambour grondèrent, éclatants. Nous en comptâmes neuf. Il n'y avait plus aucun doute : c'était bien le signal. Des clameurs sauvages éclatèrent alors du côté de la grande porte et vers le fond du *yashiki* : les deux autres troupes attaquaient.
Notre heure est venue. Déchaînés, grisés soudain par la joie de combattre, nous ne faisons qu'un bond jusqu'aux portes du pavillon, poussant des hurlements capables de glacer le sang des plus braves.
Les deux portes sont enfoncées d'un coup d'épaule. Quelques gardes qui dormaient à la lueur basse d'une veilleuse se dressent. Mais ils sont abattus avant d'avoir le temps de saisir leurs armes. Laissant trois hommes devant chaque porte pour en défendre l'accès, nous traversons en courant les salles vides. Des clameurs et des pas précipités viennent à notre rencontre. Ce sont sans doute des ennemis. Mais Hara crie : « Montagne ». Dix voix répondent : « Vallée » ! Ce sont les guerriers de Hazama entrés par l'autre côté du pavillon. Toutes les issues sont closes désormais. Notre proie est prise dans le piège : elle ne peut nous échapper.
Les portes sont enfoncées les unes après les autres. Tout est vide. Le palais est-il désert ?
Mais des lumières s'allument de tous côtés. Des clameurs, des appels, des défis retentissent, la résistance commence. Nous arrivons enfin devant des panneaux éclairés. Sans nous soucier des portes, nous ouvrons à coups de sabre une large voie dans les frêles cloisons.
Notre troupe, faisant irruption, se trouve dans un vaste salon éclairé par plusieurs lanternes, où une dizaine de gardes bouclent en hâte leurs armures. L'un d'eux se précipite sur moi, sabre levé. Mais que peut-il faire ? Le vil métal de sa lame se brise sur l'acier admirable de mon arme, fabriquée pour nous par l'un des plus illustres armuriers de l'Empire.

Avant que les ennemis aient pu s'organiser, notre attaque est victorieuse : chacun a choisi son adversaire. Les lanternes sont renversées à coups de pied. Bientôt, dans la salle, il ne reste plus que des blessés gémissant dans l'obscurité profonde.
Nous avons emporté la dernière lanterne et poursuivons notre avance victorieuse. Dans une pièce, des femmes à demi vêtues se prosternent, implorant notre pitié. L'un de nous aperçoit un garçon d'une douzaine d'années et lui demande qui il est. L'enfant, fièrement, répond :
« Je suis le fils de Kira ! »
Les derniers mots sont encore dans sa bouche, que déjà sa tête roule sur le sol, aux cris déchirants des femmes.
Encore des couloirs et des pièces vides. Kanzari, qui nous guide, s'écrie enfin :
« Voici la chambre de Kira ! »
Elle est déserte. Dans un coin, une veilleuse éclaire la blancheur pure des nattes fines et les vives couleurs de couvertures ouatées en désordre. Notre ennemi a fui.
Kanzari se précipite et tâte les soies gonflées de laine.
« Elles sont encore chaudes ! s'écrie-t-il. Le lâche ne peut être loin. »
Cependant, des appels retentissent : les gardes se sont enfin ralliés : ils attaquent violemment la troupe d'Ôishi, qui avait brisé le portail à coups de hache, mais avait été retardée par les hommes armés veillant sous le portique. Hara et Hazama envoient tous nos hommes au secours de notre chef et me gardent pour fouiller le palais.
Pièce par pièce, nous visitons toutes les cachettes possibles, garde-robes, amas de couvertures, coins et recoins.
À l'extérieur, les clameurs continuent : les nôtres seront-ils en état de résister jusqu'à ce que nous ayons le temps de tuer notre ennemi ?
Soudain une grande lumière éclaire les treillis des fenêtres : des crépitements, des grondements éclatent. Par le papier des panneaux, arraché rapidement, je vois des flammes s'échapper d'un bâtiment situé près du portique d'entrée. Une lanterne renversée a sans doute commencé l'incendie.
Une idée me vient : je crie à Hara :
« Mettons le feu au *yashiki* : le vieux renard sera flambé dans sa tanière. »
Hazama ne me laisse pas terminer :
« Nous ne saurions pas s'il est mort. Il faut qu'il périsse sous nos yeux. »
La recherche continue donc. Nous revenons à la chambre de Kira. La veilleuse brûle toujours, solitaire.
Devant un panneau, enfin, à la lueur de la lanterne, j'aperçois une sandale de paille finement tressée.
Je cherche l'autre des yeux sans la trouver. Alors j'ébranle le panneau qui résiste. Hara me regarde et secoue la tête :
« Nous connaissons tous les passages dit-il. »

J'insiste :
« Pourquoi une sandale seulement ? Il l'a sûrement laissée tomber dans sa fuite. »
Et je me jette, l'épaule en avant, contre le panneau. La boiserie craque et s'abat. J'ai juste le temps de me retenir aux bords brisés mais je pousse un cri de triomphe : devant nous s'ouvre un long passage étroit et noir.
Hara s'avance le premier. Je le suis, tenant haut la lanterne. Le passage s'élargit. Nous nous trouvons enfin dans une grande pièce voûtée, aux murailles de pierre. Des caisses et des ballots poussiéreux y sont entassés. C'est évidemment le trésor secret de l'avare.
Brusquement, deux samouraïs, dissimulés près de l'entrée, s'élancent sur nous et tentent de renverser ma lanterne. Plus de doute : Kira est ici, et ses fidèles cherchent à le faire échapper.
Hazama et Hara, heureusement, avaient vu les deux braves et les arrêtent, me criant de garder le couloir derrière eux. Je reconnais l'un des deux assaillants : c'est Chokumori, le Conseiller du Ministre, un samouraï au pur dévouement, guerrier renommé pour son habileté. Hara lui tient tête, mais doit recourir à toute sa science. Ses armes admirables le protègent. Mais partout où frappe son sabre, il rencontre le sabre de son adversaire. Des éclairs bleus jaillissent de l'acier fin. Les coups se précipitent... Les combattants halètent. Soudain mon cœur s'arrête : Chokumori, par une feinte, a esquivé la lame de son adversaire ; son sabre s'est abattu lourdement sur l'épaule gauche de Hara. Or, avec nos lourdes lames japonaises, un coup suffit pour trancher une épaule et faire tomber le bras. L'épaisse épaulière d'acier est tranchée : un morceau tombe avec un bruit de ferraille. Hara laisse échapper son second sabre, mais il profite de ce que son ennemi est découvert et, d'un coup, lui fait sauter la tête.
L'adversaire de Hazama est déjà gravement blessé aux deux bras et désarmé.
Pour moi, je n'ai cessé de fouiller des yeux les coins sombres entre les caisses. Un mouvement, tout au fond de la pièce, attire mes regards. Je me précipite. La lueur de ma lanterne éclaire un homme en robe de soie blanche qui se fait tout petit derrière un amas de ballots. Je le saisis. Il résiste. À mon appel, Hara vient à mon aide, et nous tirons l'homme de sa cachette. En vain l'inconnu essaye-t-il de se couvrir le visage dans ses bras repliés. La lumière de la lanterne éclaire brutalement des traits contractés d'épouvante. Nous crions en même temps, triomphalement :
« C'est Kira ! Il a bien au front la cicatrice dont l'a marqué notre *daimyô* ! »
L'homme se débat faiblement, et balbutie :
« Non, ce n'est pas vrai. Je ne suis pas Kira. Mais cela ne fait rien. Je vous donne à chacun mille *ryô* d'or si vous me laissez aller. »
Sans répondre, Hara, d'un coup de genou dans les reins, le relève et le force à marcher devant nous jusqu'à la grande chambre qui donne sur la cour d'honneur. Là il soulève un des panneaux de la fenêtre et, portant un fifre à ses lèvres, il siffle longuement, à trois reprises.

Dans la cour, le bruit du combat est apaisé. Seuls, montent jusqu'à nous des plaintes de blessés ou des gémissements aigus de femmes. Le brasier du bâtiment incendié achève de se consumer en jetant de temps en temps de hautes flammes. Les nôtres sont évidemment vainqueurs.
Je m'étonne que les troupes de garde du *shôgun* ne soient pas venues au secours du Ministre. Nous sûmes plus tard que le prince de Ieso, l'un des plus puissants du royaume, et dont le palais s'élevait tout à côté, avait dès le début du combat envoyé un messager au château du *shôgun* pour faire savoir que les rônins d'Enya envahissaient le *yashiki* de Kira. Au nom de tous les *daimyô* qui approuvaient ce désir de venger l'injustice, il demandait que la sentence du Ciel ne fût entravée en rien.
L'on sut aussi que, dès la première alarme, des suivantes de Kira étaient accourues lui apportant ses sabres et son armure. Mais lui, tremblant, avait demandé seulement de quel côté sa résidence était attaquée, afin de fuir par l'autre côté. Et quand il avait su que nous étions maîtres déjà de toutes les issues, il n'avait plus songé qu'à se cacher. En vain son Premier Conseiller Chokumori avait-il voulu courir parmi les défenseurs. Kira l'avait arrêté ; puis, chassant les femmes, il avait clos toutes les portes. Aux remontrances ardentes de Chokumori et de son second, il avait dit seulement :
« Si mes gardes sont vainqueurs, c'est bien. Mais l'issue du combat est incertaine. Or je n'ai qu'une existence, et je veux la garder. Ma cachette est sûre, inconnue de tous, car c'est moi seul qui l'ai bâtie. Si je suis là, le *yashiki* tout entier peut flamber sans que le feu m'atteigne. Je veux cependant que vous soyez près de moi. Vous connaissez trop mes secrets pour que je vous laisse aux mains de mes ennemis. »
Pressant alors sur un ressort secret, il fit ouvrir un panneau et poussa les samouraïs humiliés dans l'ombre du passage. Mais, épouvanté en entendant les coups que nous frappions déjà sur ses portes, il bondit dans sa cachette et referma le panneau sans s'apercevoir qu'une de ses sandales était tombée. Les ruses les mieux ourdies sont déjouées souvent grâce à d'insignifiantes négligences. Il ne suffit pas d'imaginer un plan subtil : il faut encore en prévoir la réalisation dans les plus infimes détails.

CHAPITRE XXII

Les rônins entrant par effraction dans le palais de Kira. Estampe d'Ando Hiroshige (1797-1858).

KIRA, grelottant de peur et de froid, s'était assis, enroulé dans une couverture ouatée. Nous, debout, le sabre en main, nous étions prêts à le frapper s'il faisait le moindre mouvement pour s'enfuir. Dans le silence et dans la pénombre de la grande salle, nous attendions, sans un mot. Les éclats vacillants de notre lanterne faisaient danser les ombres sur les cloisons délicatement ornées. De graves et sombres pensées étaient en nos âmes. Notre ennemi était sur le point de mourir. Mais nous, les vengeurs, nous ne tarderions pas à le suivre : la majesté de la loi ne pouvait nous laisser vivre. Ce soir peut-être, ma jeune épouse serait veuve, et mon enfant, orphelin. Mon cœur saignait. L'amertume me crispait la gorge.

Des cliquetis d'armes retentirent enfin avec des pas lourds. Des lumières rougirent la transparence des panneaux treillissés. Ôishi parut, l'armure en lambeaux, couverte de sang. Il était suivi de plusieurs des nôtres.

Il vit Kira et, s'avançant vers lui, s'agenouilla et le salua cérémonieusement. Le Ministre, les yeux fixes, le regardait, grelottant toujours. Notre chef se releva enfin et dit :

« Ô seigneur ! Par votre conduite insolente et injustifiée, vous avez provoqué la colère de notre *daimyô*. Il a levé son arme sur vous. Mais loin de vous défendre, ainsi que doit le faire un samouraï, vous avez fui. Et pour échapper à une nouvelle attaque, vous avez lâchement acheté la protection de la loi : vous avez fait mourir injustement notre Seigneur. Et vous saviez bien que votre crime méritait la mort, car vous avez pris les plus grandes précautions pour échapper au châtiment. Afin de déjouer vos mesures, nous avons dû renoncer à tous nos sentiments, encourir le mépris universel et feindre un oubli abject. Nous vous avons trompé. Vous avez jugé que l'impunité vous était acquise, au jour où votre fin s'approchait. »

Ôishi, alors, détacha de sa ceinture un poignard qu'il prit à deux mains et porta un instant à son front :

« Vous voudrez, sans nul doute, mourir de la mort des nobles, par le *seppuku*. Il convient que ce

poignard, qui porte encore le sang de mon maître, soit lavé dans le vôtre. Je vous prie d'accomplir sans retard la cérémonie suprême. »
Mais Kira, tremblant, se reculait au lieu de saisir l'arme qui lui était offerte. Ôishi, toujours agenouillé, attendit un moment, tenant le poignard à deux mains. Puis il se releva :
« Puisque vous refusez de mourir comme il sied à votre rang, vous périrez de la mort réservée aux bestiaux. La honte en salira pour jamais votre nom. »
Tenant alors le poignard de la main droite, il se pencha vers Kira et, après une courte lutte, il le saisit par les cheveux. Puis, d'un mouvement de poignet, il lui renversa la tête en arrière, tendant la gorge. En trois coups de l'arme acérée, le cou était tranché. Le tronc vacilla, et tomba lourdement, lançant de grands jets de sang.
Ôishi, retenant du pied une couverture de soie, en déchira un morceau et en enveloppa la dépouille d'où coulaient encore des gouttes noirâtres. Alors il renversa d'un coup la veilleuse, dont l'huile se répandant sur les nattes s'enflamma presque aussitôt, et dit :
« Maintenant, mettez le feu partout. Les flammes seules sauraient purifier cette corruption. »
Des ordres et des appels retentirent aussitôt : de tous côtés, des flammes crépitèrent.
Dans la cour, Ôishi fit compter tous les nôtres afin de ne pas abandonner le corps d'un blessé ou d'un mort. Les 47 étaient là, debout, tous blessés plus ou moins gravement, mais sauvés par leurs armures exceptionnelles.
Des tourbillons de fumée rouge et des langues de feu commençaient à jaillir de tous les bâtiments. Les charpentes s'effondraient déjà.
Le pâle jour d'hiver se levait, quand, un à un, appuyés sur des bâtons ou sur des lances, les héros franchirent lentement le portique du *yashiki*, laissant derrière eux la mort, l'incendie et la désolation, justes rétributions du crime et de la lâcheté.

CHAPITRE XXIII

Les rônins capturent Kira. Estampe d'Ichimosai Yoshitora (1850-1880)

Une foule immense s'agitait sur la place et autour du palais. Les cris, les appels, puis les flammes et la fumée avaient réveillé les familles du voisinage. De proche en proche, l'on avait appris que les rônins, les « lâches d'Enya », avaient envahi la résidence de leur ennemi et tué tout ce qui s'y trouvait. La ville entière était accourue, avide de connaître l'issue du combat.

Quand nous parûmes groupés près de la porte, des clameurs d'approbation éclatèrent, roulant comme un tonnerre et effrayant au loin les corneilles qui s'élevèrent, noires sur le ciel blanc, battant lourdement des ailes et croassant confusément.

Mais qu'importaient pour notre chef les clameurs des curieux ou des corneilles ? Il ne s'occupait que de son devoir. Sur un signe de lui, une litière, portée par quatre hommes vigoureux, s'approcha de nous : Ôishi l'avait commandée avant de se rendre au banquet de la veille. Il pria Hara Mototochi de s'y étendre et d'aller en toute hâte annoncer notre victoire à celle qui n'était plus que Somere-San, « Visage-de-Volupté-aux-cheveux-coupés ». Hara devait, de plus, l'inviter à assister à la cérémonie que nous allions tous accomplir sur la tombe de notre *daimyô*, dans l'enclos du Sengakuji, à l'heure des Serpents.

À ce moment, un héraut, vêtu de robes somptueuses aux armes du prince de Ieso, s'avança vers Ôishi et le salua profondément, disant :

« Le Grand *daimyô*, mon maître, prie tous les nobles guerriers de lui accorder l'honneur d'entrer un moment dans son palais. Il a préparé quelques rafraîchissements, et, debout sur son seuil, avec quelques seigneurs, il attend les nobles guerriers. »

Sans paraître étonné du très grand honneur qui nous était fait publiquement par le plus puissant *daimyô* de l'Empire, Ôishi s'inclina gravement :

« Veuillez dire au très noble Seigneur que notre cœur est ému de sa pensée. Nous nous rendons à son palais avec toute la diligence que nos blessures nous permettent. Priez-le, de plus, de bien vouloir excuser le désordre de nos vêtements. »

Le héraut s'inclina de nouveau et partit en toute hâte. Quant à nous, c'est à peine si nous pouvions avancer. La foule s'était approchée, les hommes nous félicitant, les femmes se lamentant sur nos blessures saignantes sur lesquelles nous avions noué des lambeaux de robes. L'on se bousculait pour arriver au premier rang.

D'un remous de la foule, un homme jaillit, s'agenouillant et criant :

« Akaigaki-San ! Akaigaki-San ! »

Notre compagnon le vit et s'arrêta :

« Est-ce toi, Itsusuke ? Mes yeux sont troubles ce matin.

— Oui, oui, c'est moi, seigneur. J'étais venu voir le grand événement. Et voici que je vous reconnais. Hier soir, vous étiez venu saluer votre frère : il n'a pas compris... »

Akaigaki eut un sourire triste :

« Je sais que mon frère ne m'a jamais entièrement compris. Mais sa bonté pour moi n'en était que plus méritoire ; ma reconnaissance en est plus profonde. Remets-lui ceci en souvenir de moi. Sur ce papier, il connaîtra mon passé. »

Il tendit à Itsusuke son fifre de signal ainsi qu'un petit rouleau. Puis il détacha de sa ceinture une bourse gonflée d'or et la donna au serviteur :

« Ceci est pour que toi et les suivantes de mon frère puissiez acquérir chacun votre petit champ. »

Le serviteur, bouleversé d'émotion, se prosterna dans la neige. Quand il se releva, Akaigaki nous rejoignait sous le portique où le prince de Ieso nous attendait, s'inclinant profondément devant chacun de nous.

Épuisés, nous avions grand besoin de la nourriture et du saké chaud que l'on nous servit. Mais les marques de respect que nous recevions des seigneurs présents étaient pour notre âme un aliment plus subtilement réconfortant : nous buvions la gloire à pleins bords.

Cependant, des chirurgiens mandés par le Prince pansaient nos plaies les plus graves. L'on aurait voulu nous enlever nos armures à demi brisées. Mais Ôishi ne le permit pas, et demanda bientôt l'autorisation de quitter le palais.

Le prince de Ieso, sachant nos desseins, avait déjà fait venir des *kago* dans lesquelles nous pûmes nous étendre, enveloppés de couvertures, pour nous rendre au Sengakuji.

CHAPITRE XXIV

Les rônins sur le chemin du temple Sengakuji, afin de présenter la tête de Kira sur la tombe de leur Maître.
Estampe d'Ando Hiroshige (1797-1858)

Les vigoureux porteurs de nos palanquins, fiers de leur charge, nous transportèrent rapidement jusqu'au monastère de la Colline-du-Printemps, et ne s'arrêtèrent que dans le parc, devant le tombeau de notre *daimyô*.

L'épaisseur des pins avait empêché la neige de recouvrir entièrement le sol. Mais le vent de la nuit, chargé de poussière blanche, avait saupoudré comme d'un sel fin les dalles de la terrasse, le rude et bas enclos de granit et la stèle où les titres de notre Seigneur étaient gravés.

La table de pierre placée devant la tombe, au sud, était essuyée déjà par les religieux. Le vase également de pierre, scellé sur la table, était rempli de cendres et piqueté de baguettes d'encens dont la fumée bleue montait en torsions de fils parfumés. De grands candélabres de bois doré étaient placés sur la table : les flammes vacillaient dans l'air tranquille.

Tous les religieux du monastère étaient assis à gauche de la tombe, vêtus de robes blanches à parements noirs et coiffés de grands bonnets blancs. Déjà ils frappaient à coups rythmiques le tambour et le poisson de bois afin d'appeler l'attention des esprits.

À la droite de la tombe se tenait une religieuse en robe blanche, devant plusieurs dames en robes de cour. Elle releva la tête : je reconnus notre Princesse.

Ôishi, se plaçant en tête de notre troupe, s'avança gravement, portant sur un plateau de laque la tête blafarde de notre ennemi et le poignard qui avait servi à lui donner la mort. Il s'agenouilla, s'inclinant à plusieurs reprises, puis se releva et déposa l'offrande sur la table de pierre.

Les religieux, cependant, avaient commencé à chanter l'hymne funèbre, aux grondements sourds du tambour. Et nous tous, agenouillés, nous nous inclinions en gémissant, selon les rites.

C'est alors que je remarquai, au pied de la tombe, un trou creusé récemment, et me demandai quel en serait l'usage.

L'hymne s'était tu. Un religieux s'avança, les bras chargés de baguettes d'offrandes. Ôishi se leva, prit une poignée de baguettes et les alluma aux candélabres. Puis, les prenant à deux mains, il s'agenouilla

et s'inclina plusieurs fois, portant à son front le faisceau parfumé. Il se leva enfin et alla piquer les baguettes dans la terre, sur la tombe.
Un par un, nous suivîmes son exemple. Plusieurs d'entre nous durent être soutenus par les religieux, car ils n'auraient pu s'incliner sans tomber. Moi-même ayant reçu dans le bras droit un coup de sabre qui avait presque tranché mon épaisse cotte de mailles, je ne pouvais me servir que du bras gauche, et je dus être aidé.
La Princesse, gémissant, nous regardait l'un après l'autre. Des larmes roulaient sur ses joues creusées. Mais l'admiration et la fierté de ses regards ajoutaient au bonheur que nous éprouvions de voir enfin terminée la longue humiliation de notre attente. Quand nous fûmes de nouveau agenouillés à nos places, Ôishi, s'adressant à l'esprit de notre *daimyô*, prononça les paroles suivantes :
« Ô précieux seigneur ! Voici la dernière fois que, vivants, il nous sera permis de nous prosterner devant vous. Bientôt nos ombres vous auront rejoint sous les Neuf-Sources. L'injustice de votre mort est vengée. Notre pays se réjouit d'être délivré d'un lâche oppresseur... »
À ce moment, comme pour répondre à ses paroles, les lourds nuages s'entrouvrirent et un rayon de soleil vint frapper la table d'offrandes. Ôishi continua :
« La descendance mâle de notre ennemi ayant péri cette nuit, et le corps même de Kira ayant été consumé dans l'incendie de son palais, il importe que son âme errante soit fixée en un lieu. J'ai choisi d'enterrer la tête de votre oppresseur à vos pieds, afin qu'éternellement son ombre serve la vôtre. »
Alors il prit le plateau placé sur la table d'offrandes et fit rouler la tête dans la fosse dont je compris enfin la destination. Un religieux, qui s'était avancé, combla le trou.
Les coups réguliers du tambour et du poisson de bois reprirent avec le chant, pendant que nous accomplissions les dernières prosternations. La cérémonie était achevée.
Nous nous relevions ; et moi, je songeais à courir auprès de ma femme et de mon enfant, quand, me retournant, j'aperçus un héraut de la Cour accompagné de plusieurs gardes. Je le vis s'avancer vers notre chef et s'incliner profondément devant lui. Étonnés, curieux, nous regardions en silence. Le héraut prononça enfin à haute voix, pour être entendu de tous :
« Ô noble seigneur ! Notre Maître, le *shôgun*, ayant été informé de votre action et de celle de vos compagnons, a déjà convoqué le Grand Conseil pour délibérer à votre sujet. En attendant la décision qui sera prise, votre Maître a voulu vous garder à la disposition de vos juges. Plusieurs membres du Conseil se sont lors disputé l'honneur de vous avoir pour hôtes. Les princes de Ieso, de Higo et de Chosen vous attendent dans leurs palais. »
Ôishi s'agenouilla et salua comme les rites l'exigent envers un représentant du Seigneur des seigneurs. Puis il se tourna vers nous et dit :
« Pour l'attaque, nous étions divisés en trois groupes, il convient que la même division soit observée pour obéir à l'ordre souverain. »

Le héraut s'inclina :
« Les litières attendent à l'entrée du parc. Nous partirons dès qu'il vous plaira. »
Et il s'éloigna. Ôishi, se relevant avec peine, se rendit alors auprès de notre Princesse, qui l'attendait debout au milieu des dames d'honneur. Il voulut se prosterner, mais elle le retint, prononçant :
« C'est à moi de me prosterner devant le plus brave des braves. »
Et comme elle commençait à le remercier, il l'interrompit :
« Nous n'avons fait que notre devoir. Notre Précieuse Mère nous comble de louanges exagérées. Qu'elle consente seulement, si elle a quelque message pour l'ombre de notre Seigneur, à bien vouloir nous le confier. Nous pourrons, sans nul doute, le transmettre bientôt. »
Elle l'écouta, le visage grave, et répondit :
« Je n'ai vécu que dans l'attente de notre vengeance. Nous partirons ensemble sur la Voie des Ombres, si vous voulez bien me faire l'honneur de m'escorter jusqu'auprès de mon époux. »
Ôishi, sans un mot, s'inclina profondément.
Quand il nous rejoignit, nos groupes étaient déjà formés, et s'avançaient vers l'entrée du parc.

Les rônins entrant dans le temple Sengakuiji. Estampe d'Ichimosai Yoshitora (1850-1880).

CHAPITRE XXV

Les rônins rendent hommage à leur Seigneur, enfin vengé. Estampe de Yamada Kuniteru (1829-1874).

La décision de la Cour nous avait été imposée le quinzième jour de la douzième lune. À partir de cette date, enfermés dans les palais de nos nobles gardiens, nous fûmes entièrement séparés de la vie extérieure. Il nous était même interdit d'échanger des messages écrits avec nos familles.

L'enthousiasme de la ville et des nobles en notre faveur était si grand, que le *shôgun* avait, dès le début, craint une rébellion s'il nous faisait exécuter sans retard ainsi que la loi l'exigeait. Il redoutait également de nous voir prendre la tête d'un mouvement populaire, s'il nous laissait en liberté.

Le Grand Conseil, tout en approuvant intérieurement la mise à mort d'un Ministre prévaricateur et la juste vengeance de braves opprimés, ne pouvait cependant refuser d'appliquer l'une des lois fondamentales de l'Empire, celle qui défend, sous peine de mort, toute attaque à main armée dans l'enceinte de la ville et du Palais. Ils ne pouvaient se résoudre ni à châtier la Justice et l'Honneur, ni à laisser impuni un pareil attentat contre un des plus hauts magistrats de la Cour.

Dans leur incertitude, ils prirent prétexte des cérémonies usuelles en ces derniers jours de l'année et demandèrent que toute décision fût ajournée jusqu'à la venue de l'année nouvelle. Le *shôgun*, fort embarrassé lui-même, saisit avec joie cette possibilité de remettre à plus tard une détermination difficile.

Quant à nous, dans les salles splendides de nos palatiales prisons, nous recevions sans cesse les marques d'estime et de respect de nos gardiens.

Le matin même du premier jour de l'année, nous avions demandé l'autorisation de saluer le prince de Ieso, mais ce dignitaire vint le premier nous rendre visite.

« C'est un grand honneur pour moi, nous dit-il, que d'abriter sous mon toit des héros dont la postérité vantera sans fin le dévouement. Mon devoir est de m'incliner devant eux. » Des repas somptueux nous étaient servis chaque jour. Chanteuses et danseuses venaient égayer nos festins. Le cœur joyeux d'avoir accompli notre vengeance, ayant dès longtemps fait le sacrifice de notre vie, nous aurions goûté sans

réserve l'orgueil de notre victoire et les plaisirs qui nous étaient offerts, si la pensée de nos familles bientôt en deuil n'était venue jeter sur nous son voile noir.
Ôishi, sur la demande du prince de Higo, écrivit sur un grand panneau un poème qui fut aussitôt gravé sur pierre et qui exprimait bien nos sentiments :

« Le vrai bonheur est toujours d'accomplir son dessein.
Alors notre volonté brille, perçant l'épaisseur de nos corps
Ainsi que la lune se dégageant de lourds nuages. »

Cependant les fêtes de la nouvelle année se passèrent. Le soleil du cinquième jour de la première lune brilla dans le ciel. Moi seul, je devais en voir le couchant.
Dès le matin, en effet, un héraut de nos gardiens nous remit les *kamichimo* d'une blancheur neigeuse que doivent revêtir les condamnés à la mort des nobles. Il nous fit connaître que les *ometsuko*, les Censeurs porteurs de la sentence, avaient annoncé leur arrivée.
Nous étions alignés déjà dans la salle d'honneur, quand les magistrats, en robes de cérémonie, entrèrent, accompagnés de nombreux gardes de la Cour. Prosternés selon les rites et appuyés sur les mains, nous écoutâmes la lecture de l'édit :

« Ôishi Kuranosuke et quarante-six autres samouraïs rônins de l'ancien clan d'Enya,
Ayant, au mépris de nos lois et de notre majesté, comploté et mis à exécution l'attaque et l'incendie du yashiki *de notre Ministre. Ayant massacré de plus ce Ministre lui-même, ses enfants mâles et d'innombrables gardes,*
Doivent être, sans pitié, mis à mort comme incendiaires et meurtriers, afin d'effrayer les guerriers qui seraient tentés de suivre leur exemple.
Cependant, en considération de l'honorable motif de leur action, ils sont autorisés à périr du trépas des nobles.
Le clan d'Enya sera reconstitué au profit du jeune frère d'Asano Naganori, le dernier daimyô.
De plus, accédant à la demande qui nous a été adressée par leur chef, ils seront inhumés avec honneur dans le parc du monastère de Sengakuji, autour du tombeau de leur daimyô.
Le plus jeune d'entre eux, Terasaka Kichiemon, devra demeurer en vie afin que lui et sa descendance accomplissent régulièrement les offrandes rituelles aux esprits de ses loyaux compagnons. Seul un des 47 braves est assez honorable pour rendre dignes des nobles esprits les offrandes qui leur marqueront notre respect.
Tel est le décret. »

Déjà l'un des *ometsuko* me faisait signe de m'écarter. J'hésitais à séparer mon sort de celui de mes compagnons. Le magistrat prononça sévèrement :
« L'ordre vient du *shôgun* et du Grand Conseil, sur la demande même de votre chef, et vous songez à désobéir ? Votre devoir est de vivre le plus longtemps possible, et de témoigner sans cesse de la gloire acquise par les héros, afin que leur exemple entretienne dans la nation entière le feu brûlant de l'Honneur, de la Justice, de la Loyauté, du Dévouement, par lequel notre race se distingue entre toutes. »
Pendant ce temps, les gardes de la Cour avaient déposé devant mes compagnons des poignards marqués au nom du *shôgun* lui-même, et se plaçaient, le sabre dégainé, derrière les condamnés.
J'appris que la sentence était exécutée déjà pour les deux autres groupes de nos conjurés. Quelques instants plus tard, je demeurai le seul survivant des 47 rônins.

Ils sont morts, mais leur mémoire ne périra jamais, car tous les cœurs, même les plus vils, ont admiration et respect pour les nobles sentiments qui, seuls, élèvent l'homme au-dessus de la bête.

Note au lecteur
Dans d'autres versions des 47 rônins, seuls 46 se rendirent aux gardes du shôgun *tandis que le 47e parti prévenir l'épouse d'Asano que son mari était enfin vengé. De retour, ses compagnons s'étant déjà fait* seppuku*, il fut gracié et désigné l'unique survivant pour entretenir les tombes et perpétuer la mémoire de ces braves et fidèles guerriers.*

SENGAKUJI

Visite au temple

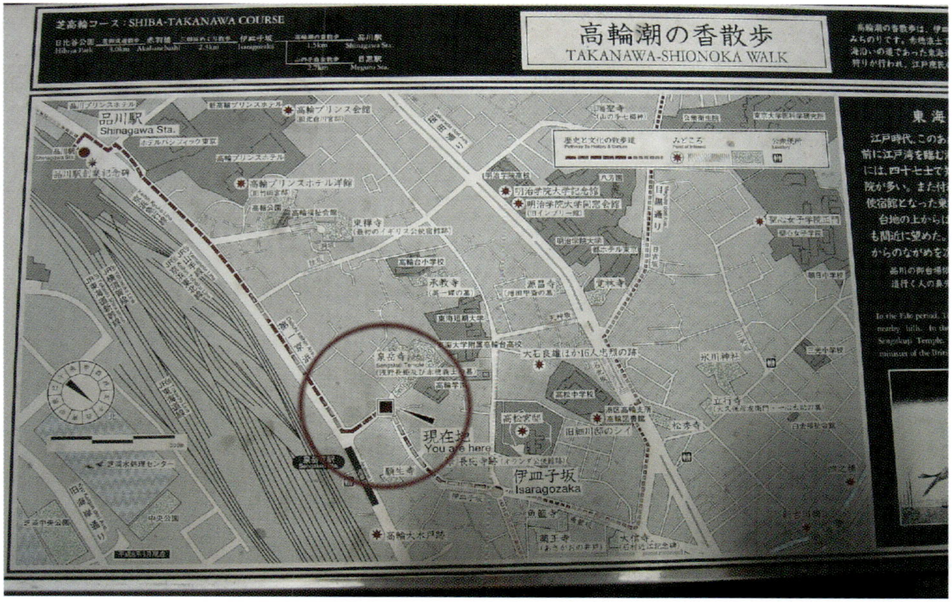

Plan pour se rendre au temple Sengakuji, à Tôkyô.

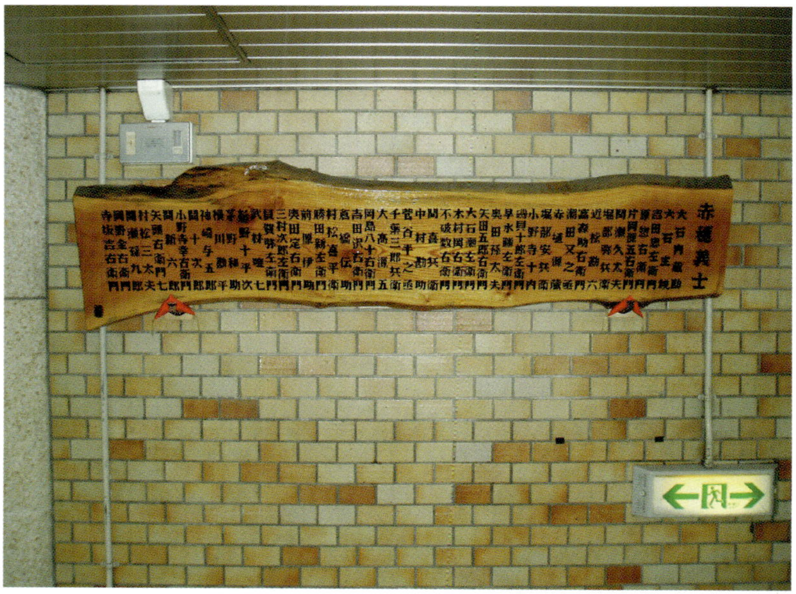

Station de métro Sengakuji.

Une grande statue d'Ôishi Kuranosuke surplombe les visiteurs du temple.

Le panneau à l'entrée du temple Sengakuji.

La cloche du temple date de 1913.

Shishi *(lion)* protecteur
des portes du temple.

L'entrée du cimetière.

Tombes des loyaux samouraïs.

De nombreuses personnes viennent rendre hommage aux rônins et les prier (photo ci-contre).

Ci-dessous : à deux pas du cimetière, vous pouvez acheter votre encens. Le vendeur porte les couleurs des rônins : le noir et les dents blanches.

La vasque à encens.

Le marché à encens.

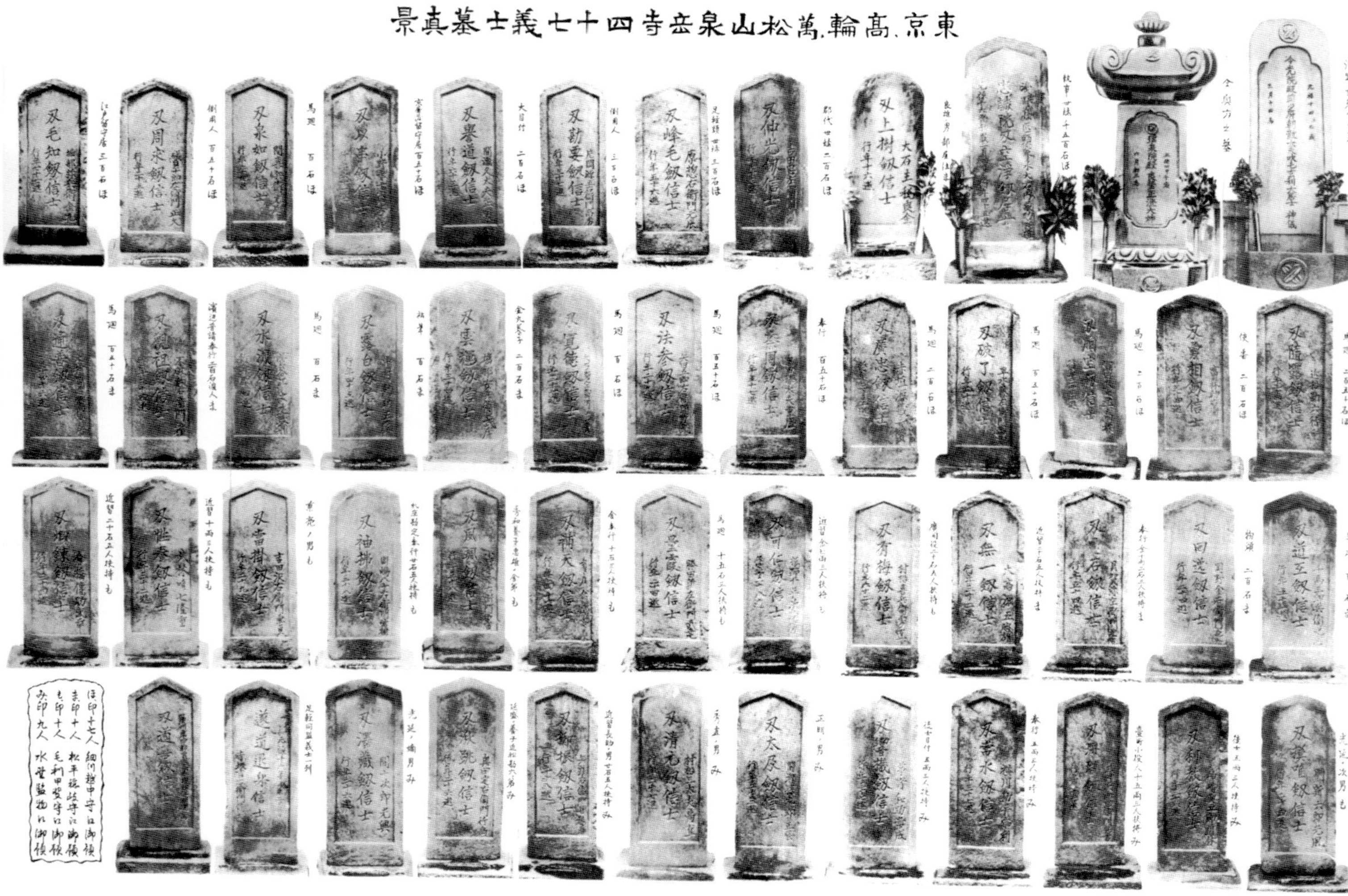

L'ensemble des cinquante tombes ; celles d'Asano, de sa femme et d'Ôishi (en haut à droite) et celles des 46 autres rônins. Un autre tombeau fut rajouté : celui du rônin Kayano Sanpei Shigezane qui se donna la mort avant l'assaut, ne supportant pas de ne pas avoir rendu honneur et vengeance à son Maître.

Prenant la relève du dernier rônin, Terasaka Kichiemon, de nombreuses personnes continuent de perpétuer la mémoire des guerriers.

Puits où les rônins lavèrent la tête de Kira avant de la déposer sur la tombe de leur maître.
Ce point d'eau est devenu un lieu sacré.

De simples stèles pour de grands guerriers.

La tombe d'Asano.

Le panneau devant la tombe du maître.

De l'encens est déposé chaque jour sur le tombeau d'Asano.

Tombeau de la princesse d'Enya.

Les rônins ont été inhumés près de la tombe de leur chef, Ôishi.

La tombe d'Ôishi Kuranosuke.

Le musée du temple Sengakuji.

Un boku-tô *(sabre d'entraînement en bois) exposé dans le musée du temple.*

www.budo.fr

Éditeur :
Budo Éditions - Les Éditions de l'Éveil
77123 Noisy-sur-école, France

Imprimeur :
Clerc SA
18200 St Amand-Montrond, France
Numéro d'impression : 9111

Dépôt légal : février 2006

Akabane Genzo Shigekata

Fuwa Kazuemon Masatane

Hara Souemon Mototoki

Hayami Tozaemon Mitsutaka

Hazama Jyujiro Mitsuoki

Hazama Kihei Mitsu

Kataoka Gengouemon Takafusa

Katsuda Shinzaemon Taketaka

Kayano Sanpei Shigezane

Kayano Wasuke Tsunenari

Kimura Okauemon Sadayuki

Kurahashi Densuke Tak

Nakamura Kansuke Masatoki

Ôishi Kuranosuke Yoshitaka

Ôishi Sezaemon Nobukio

Ôishi Tchikara Yoshikane

Okajima Yasouemon Tsuneki

Okano Kinuemon Kane

Sugino Jyuheiji Tsugifusa

Takebayashi Tadashitchi Takashige

Tchiba Saburobei Mitsutada

Tchikamatsu Kanroku Yukishige

Terasaka Kitchiuemon Noboyuki

Tomimori Sukeuemon Mas